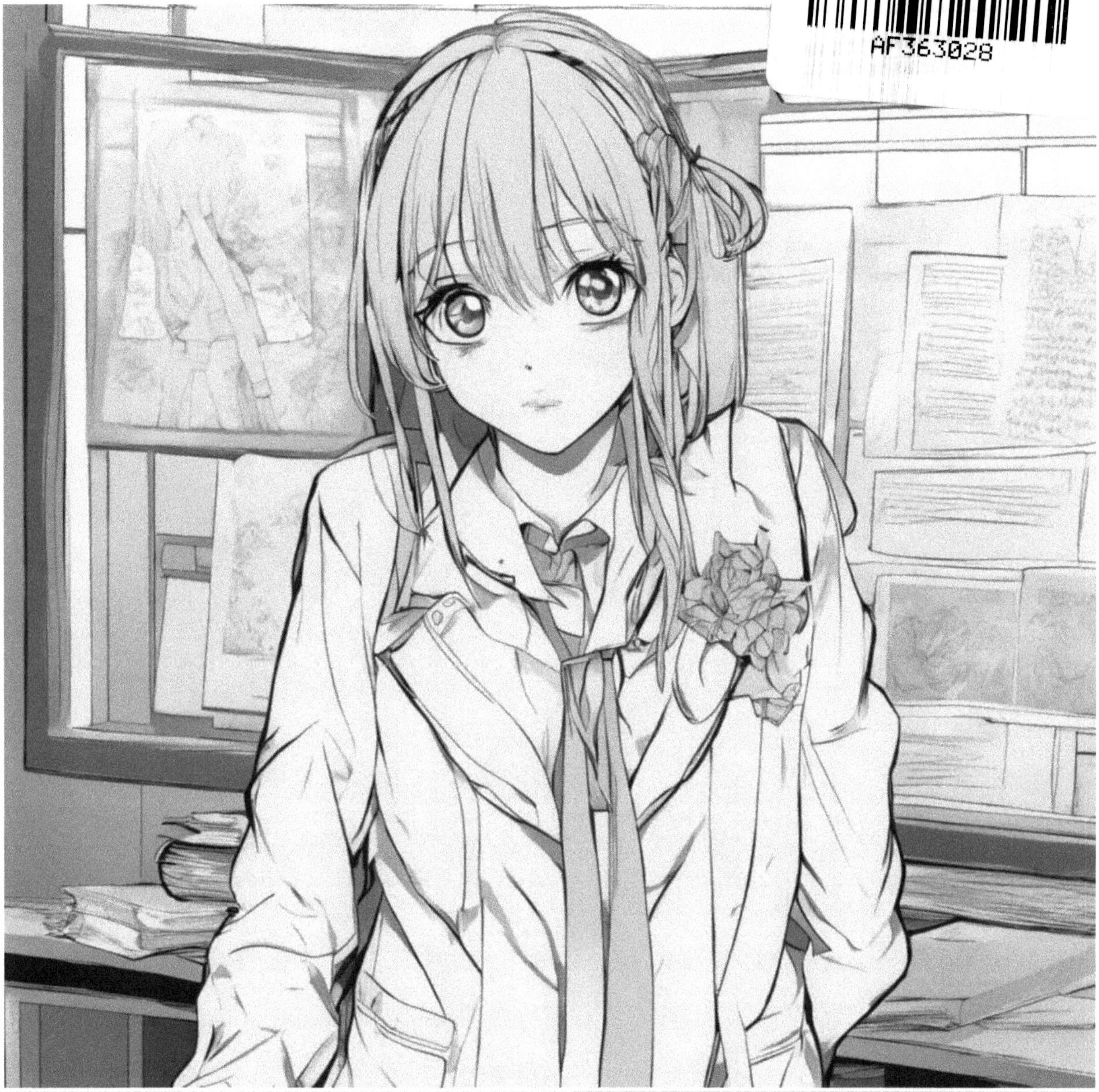

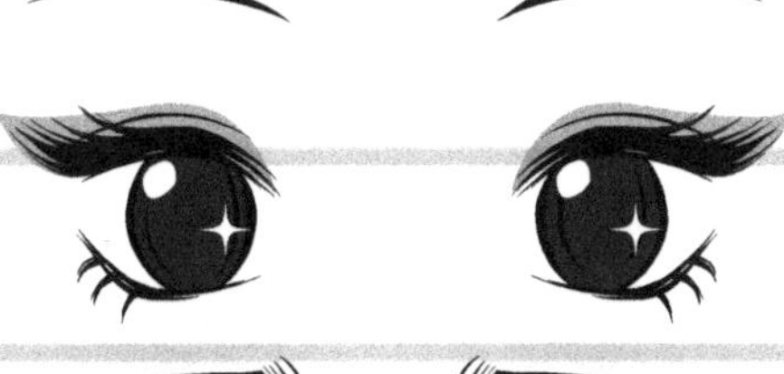
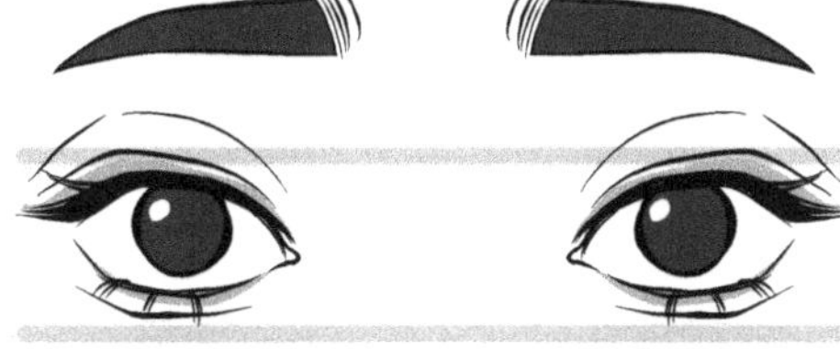
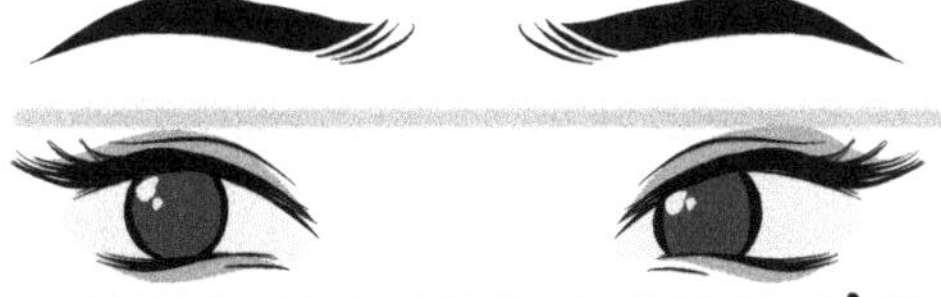

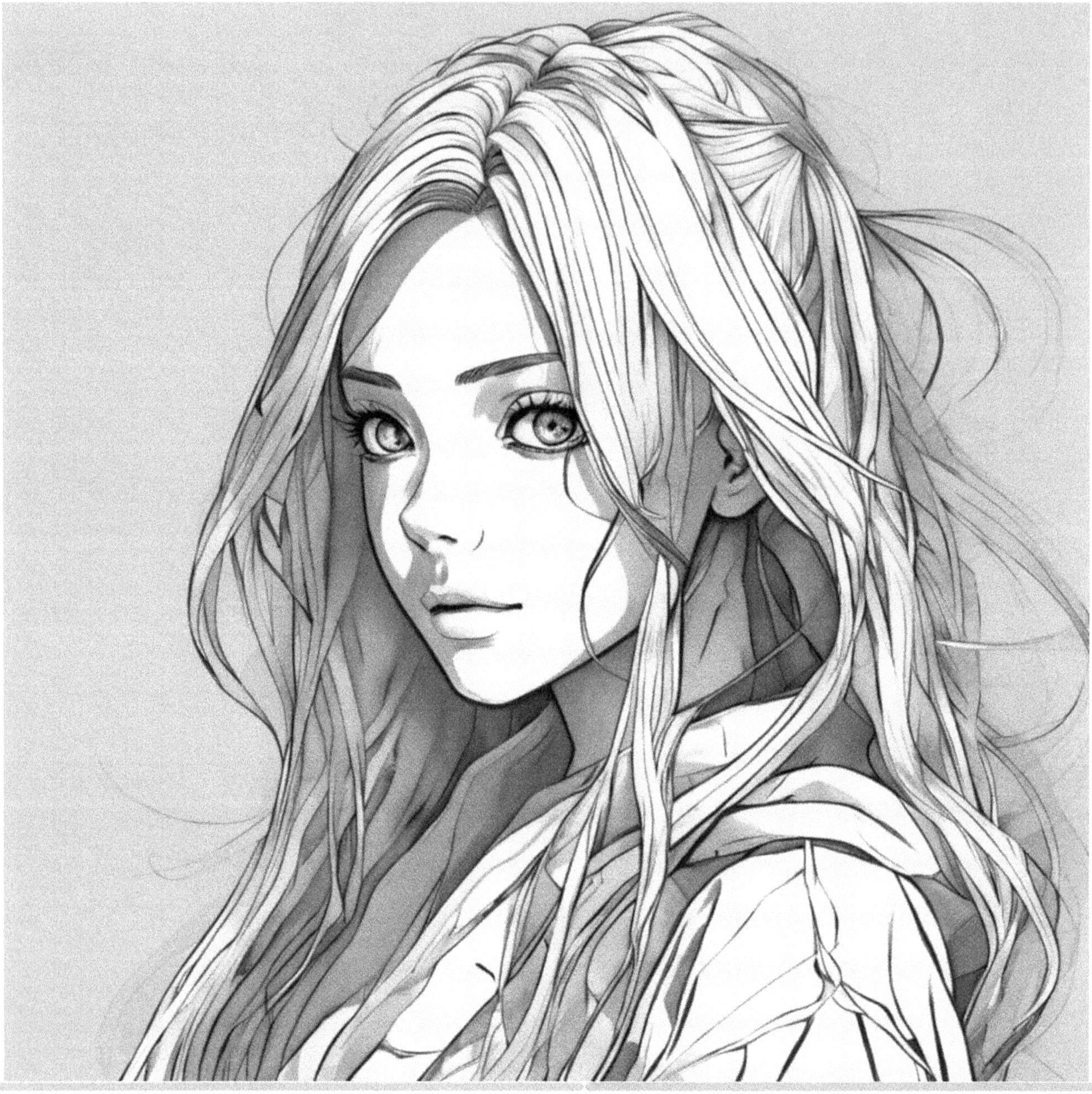

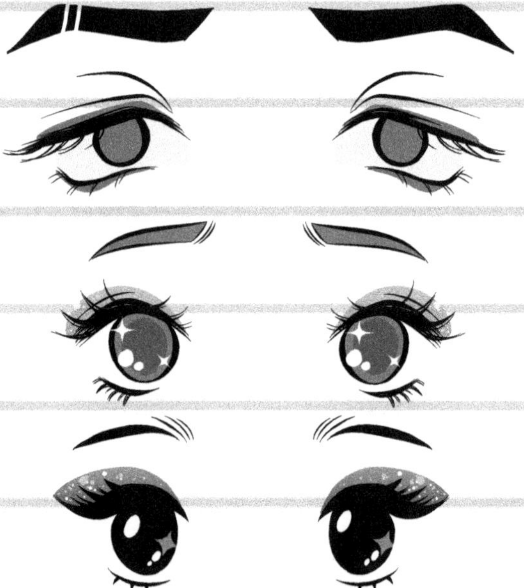

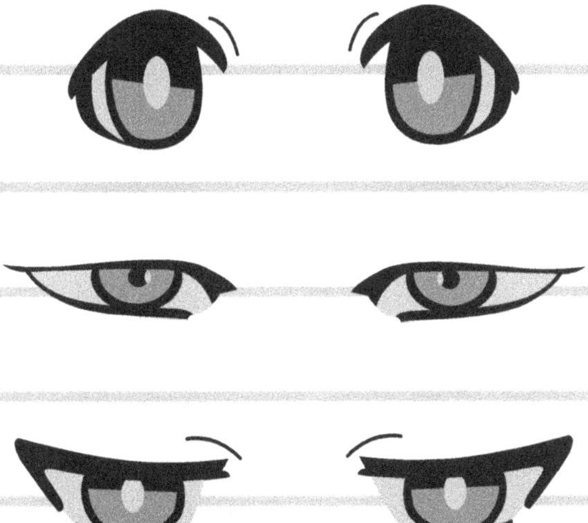

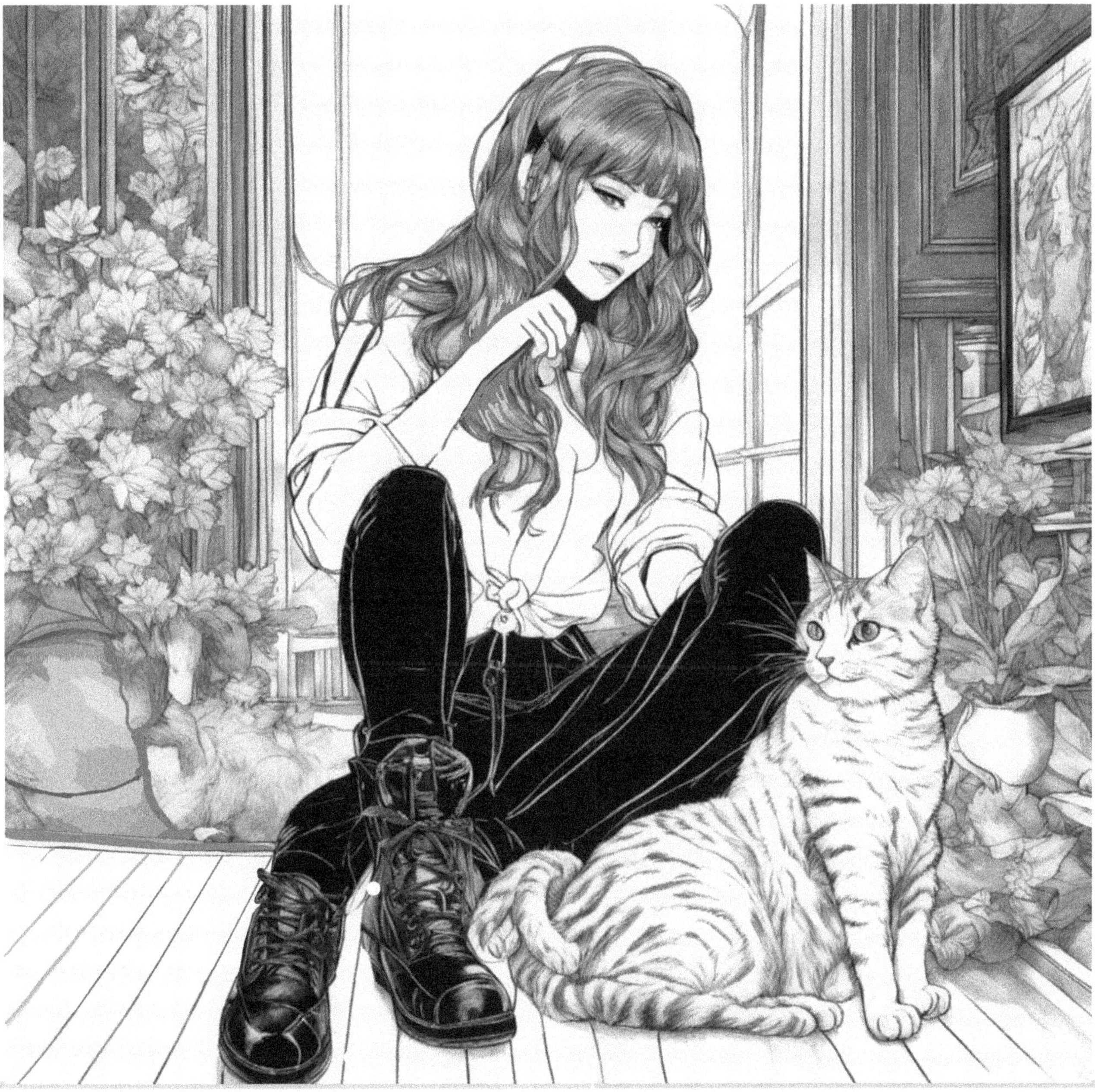

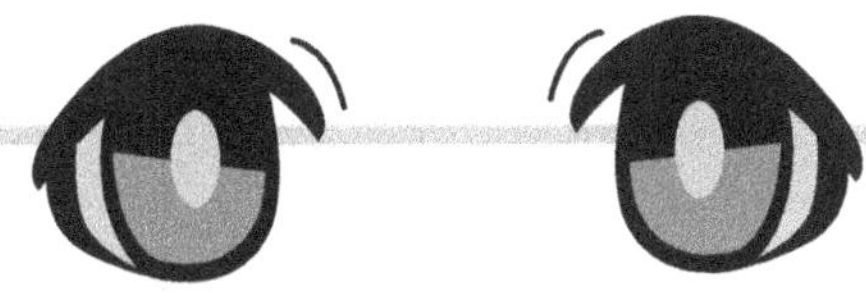

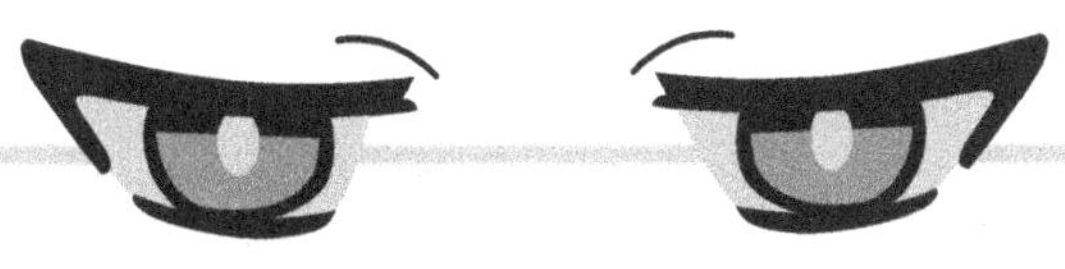

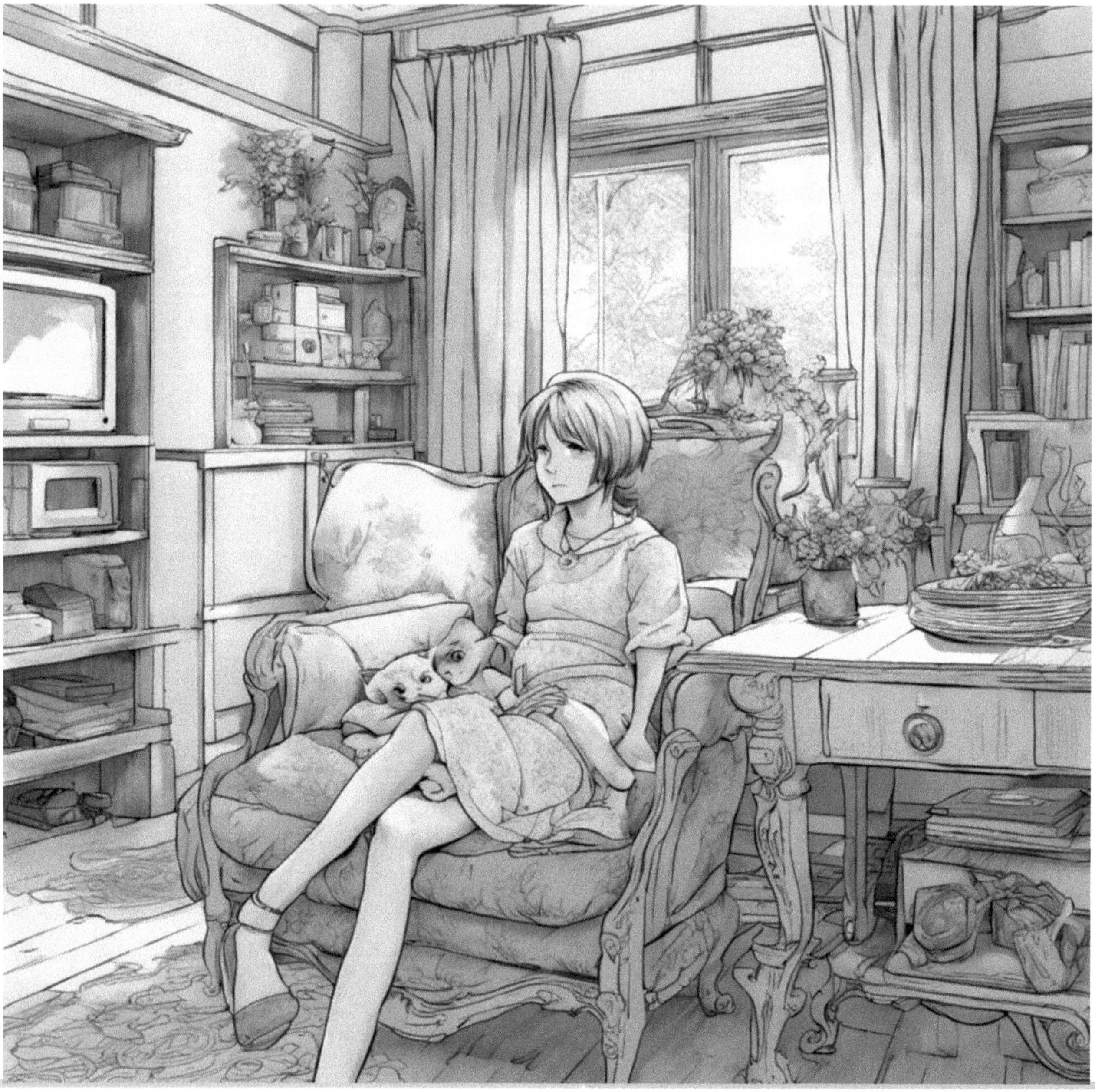

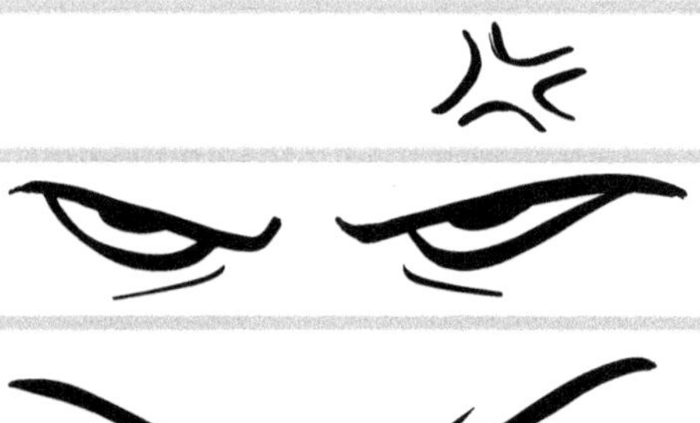
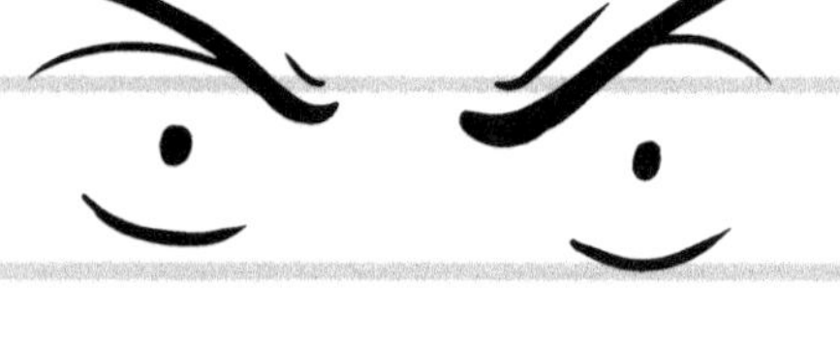
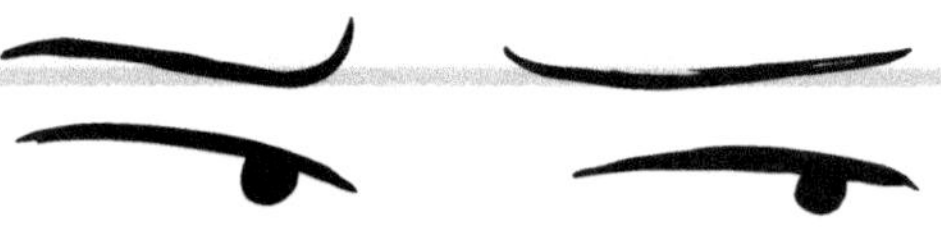

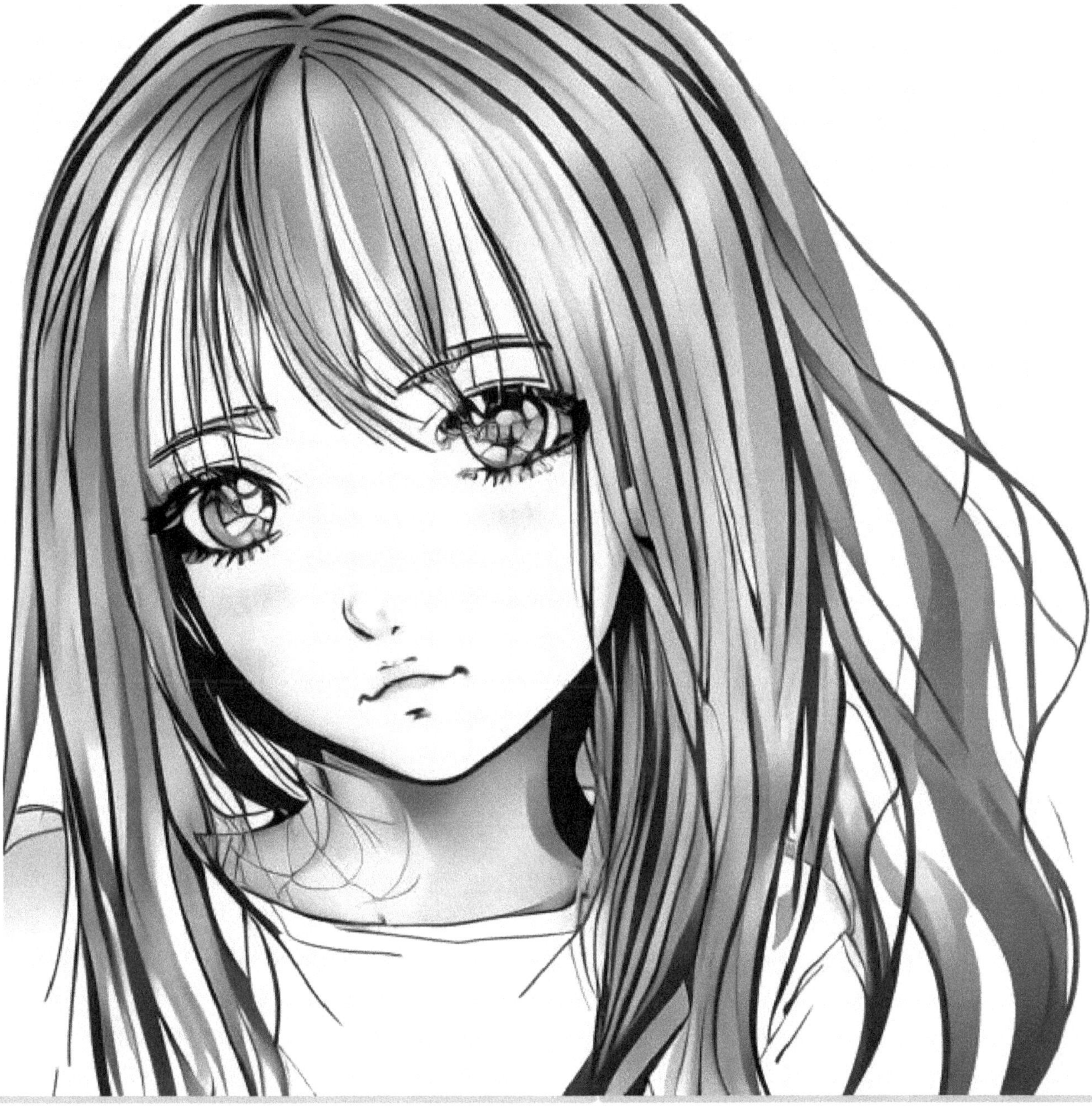

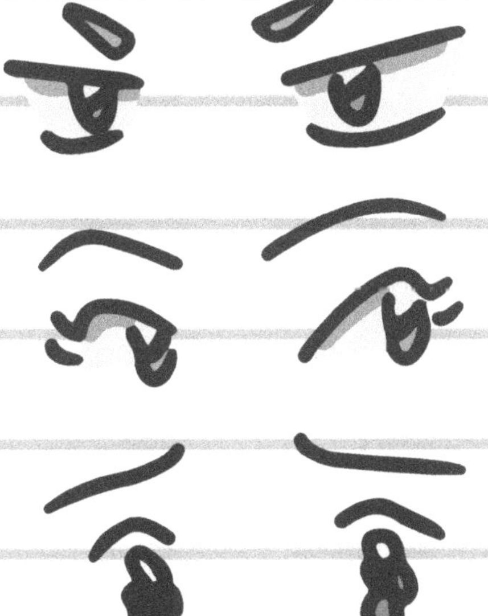

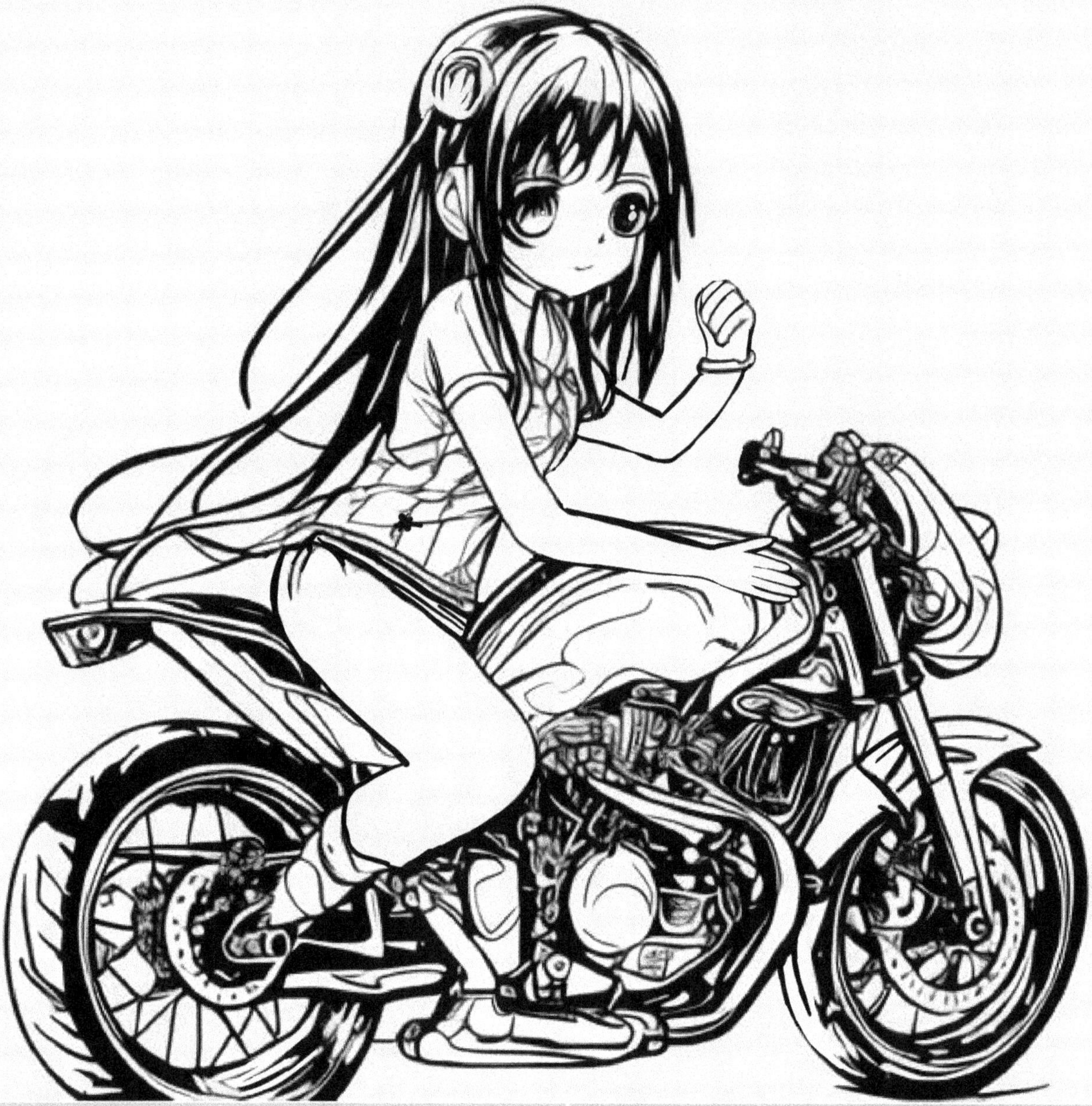

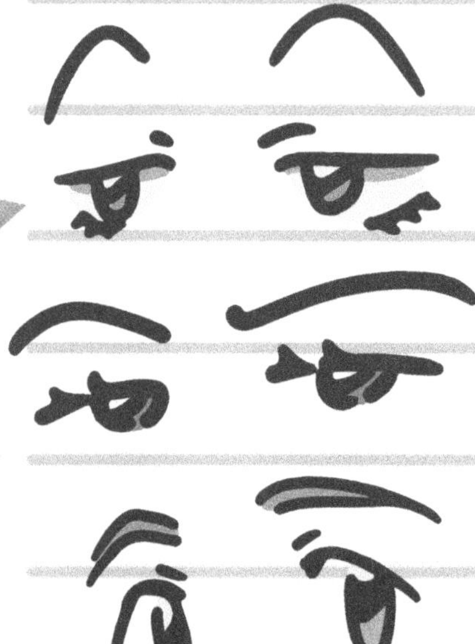

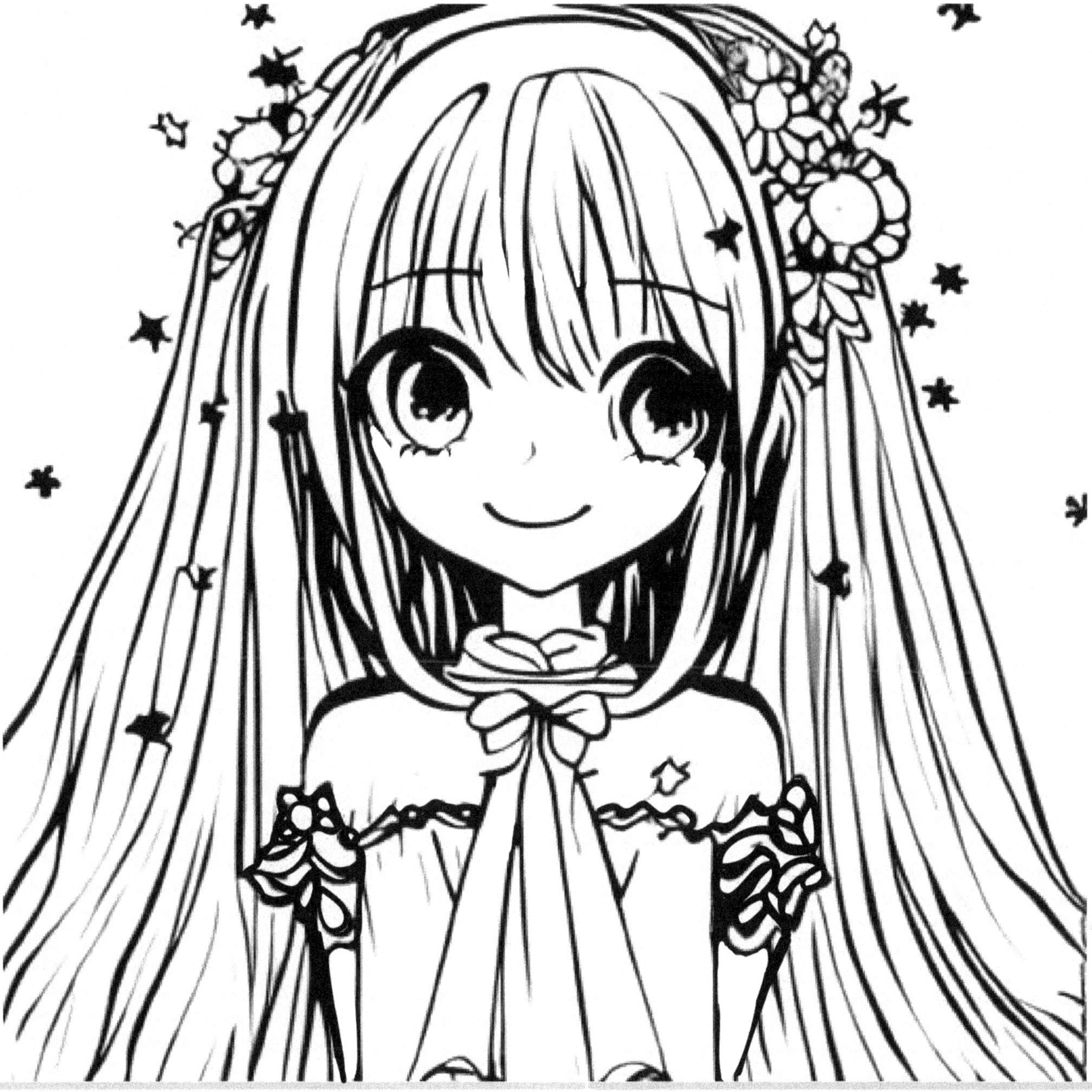

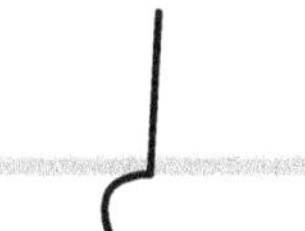

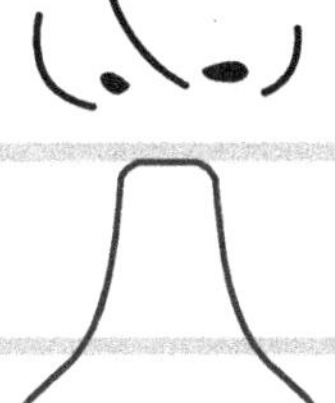

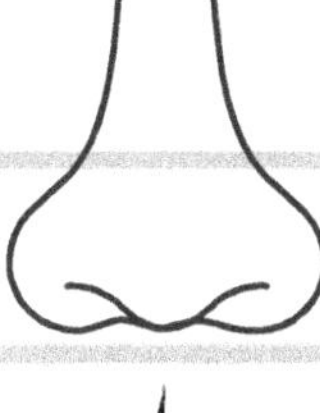

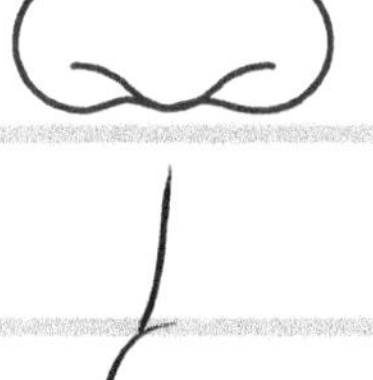

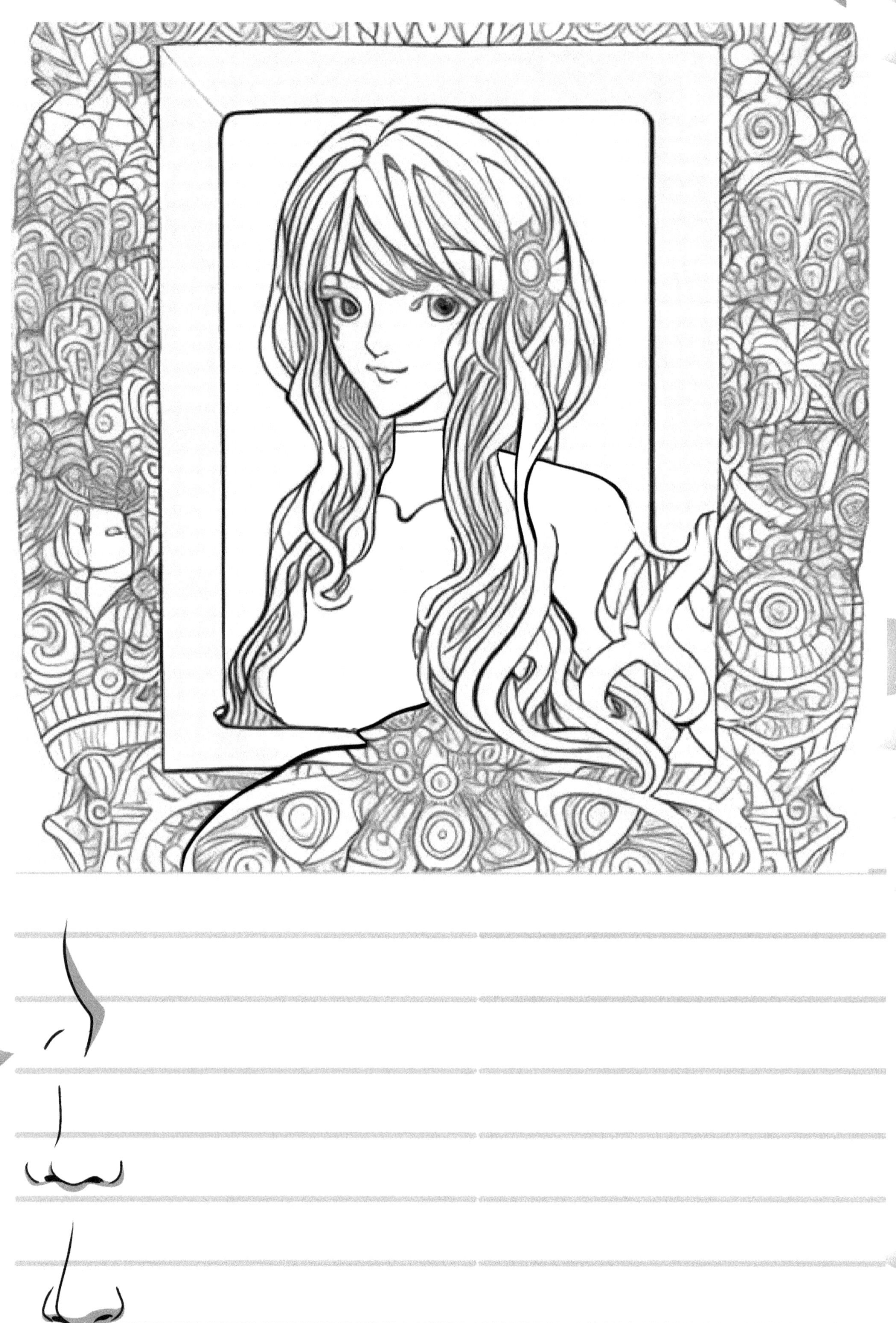

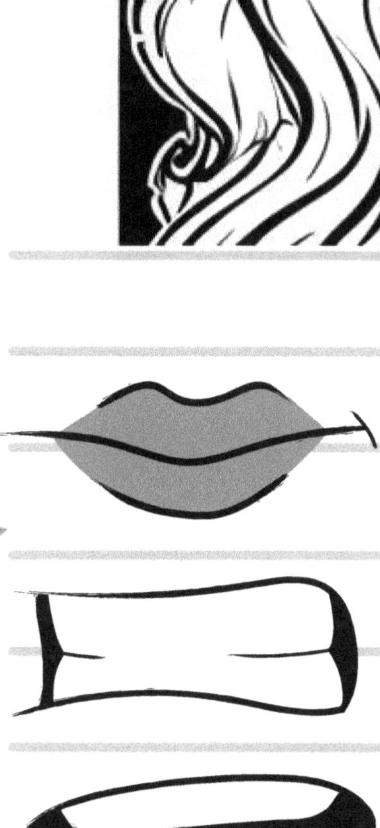

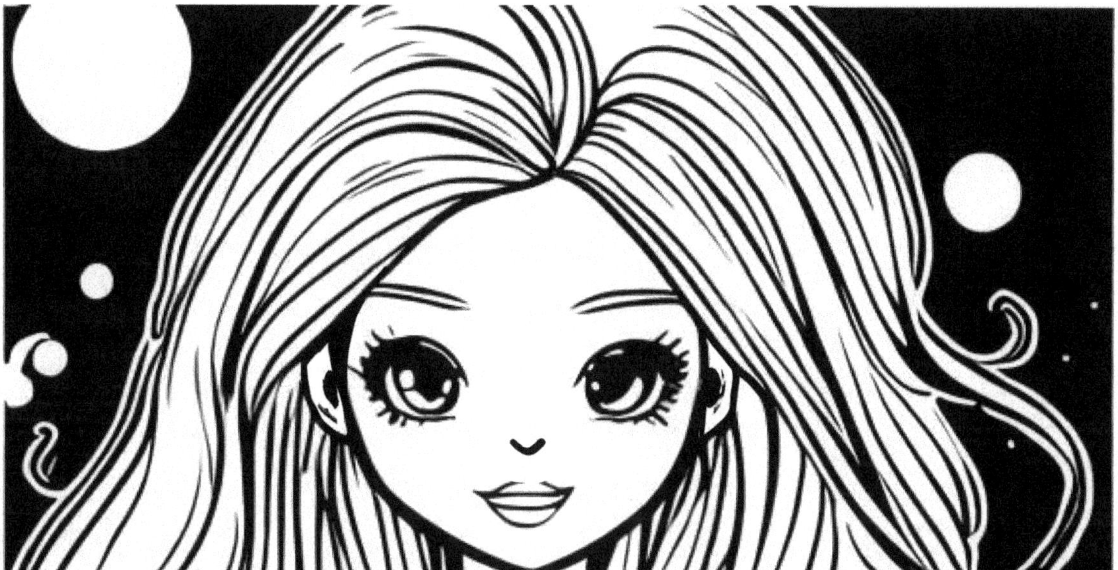

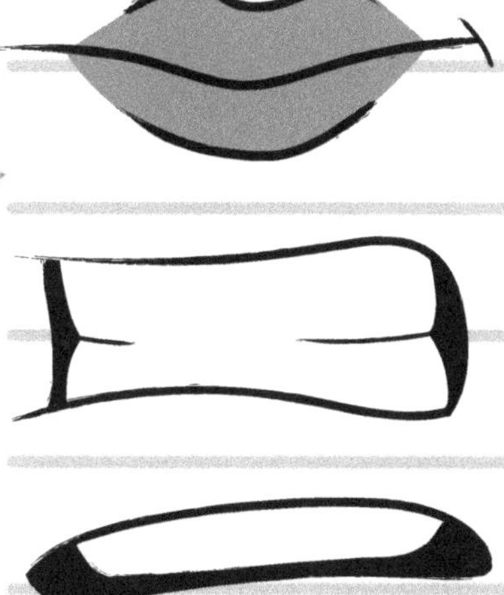

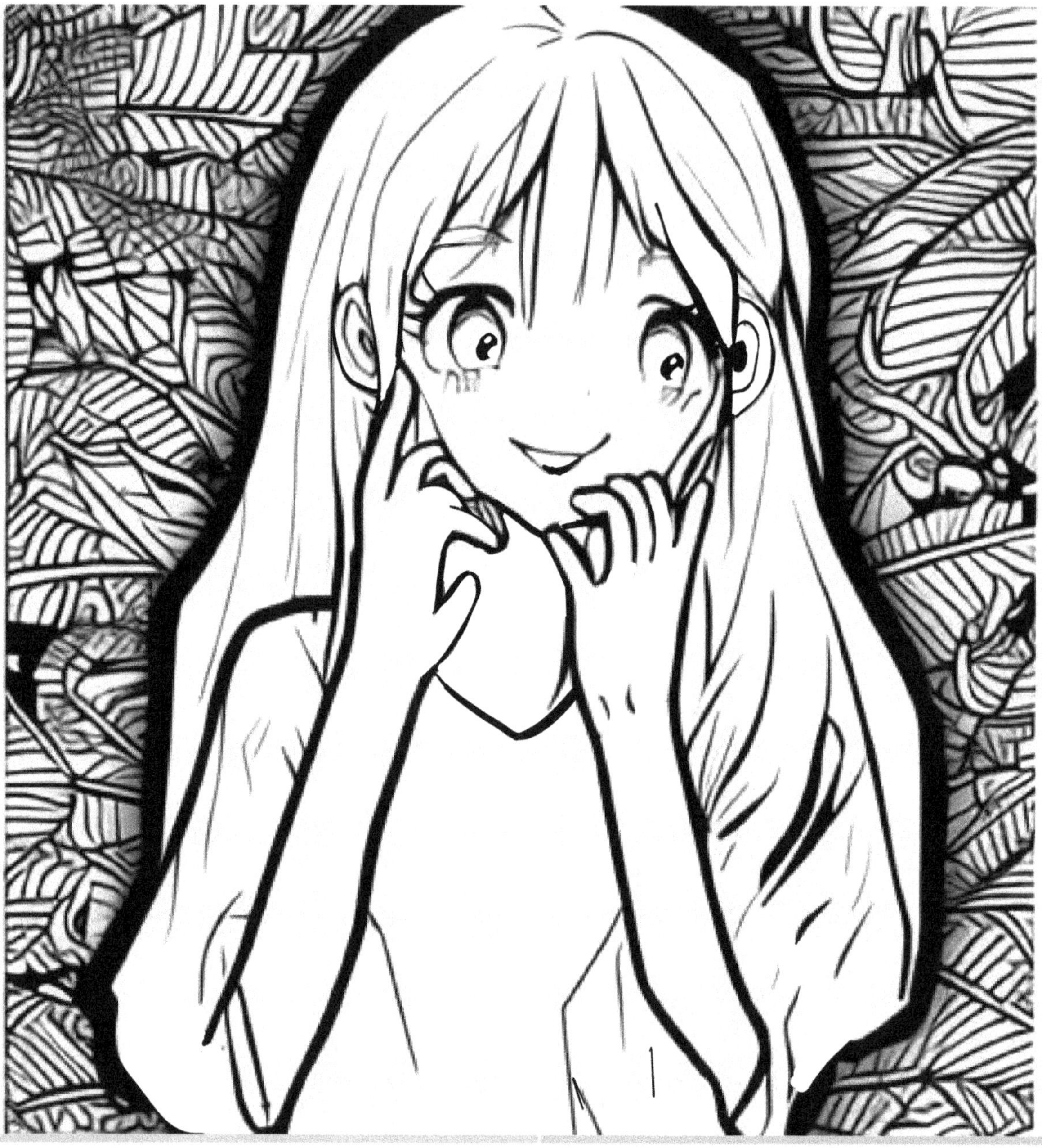

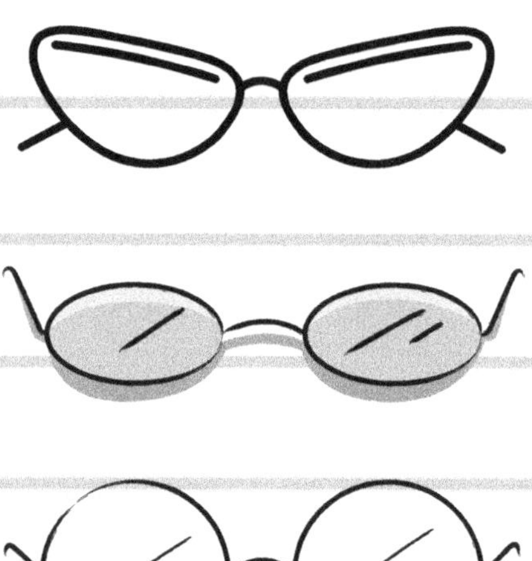

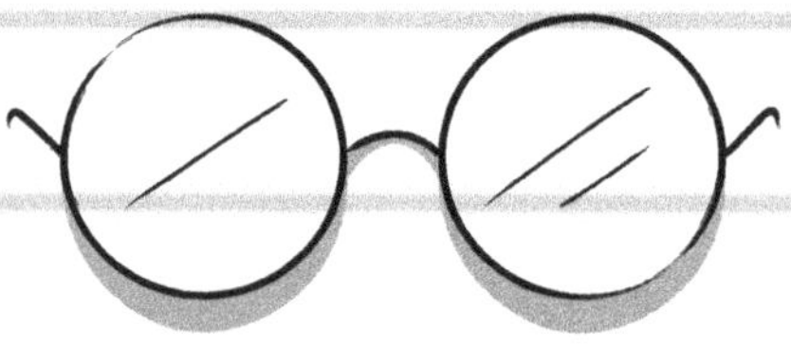

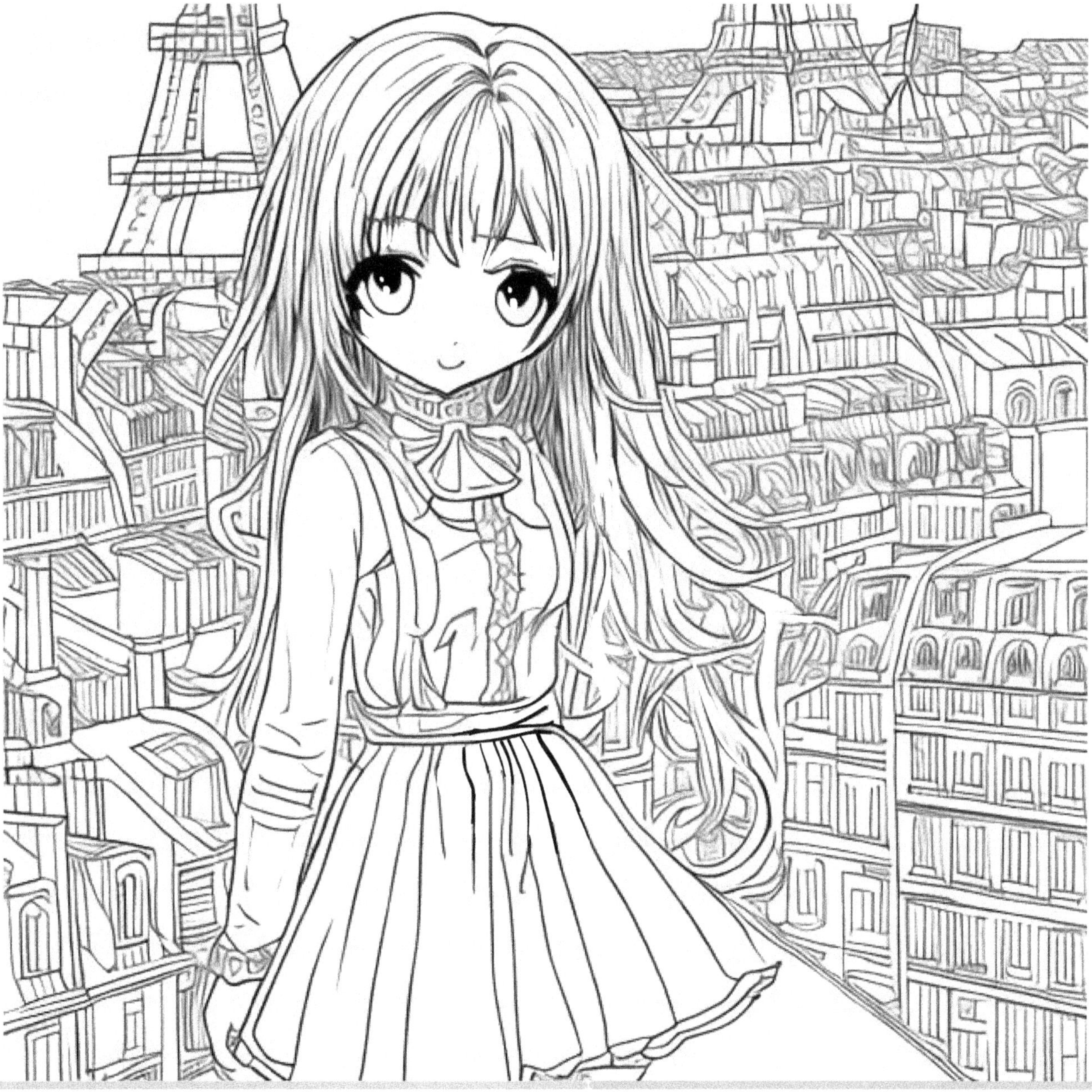

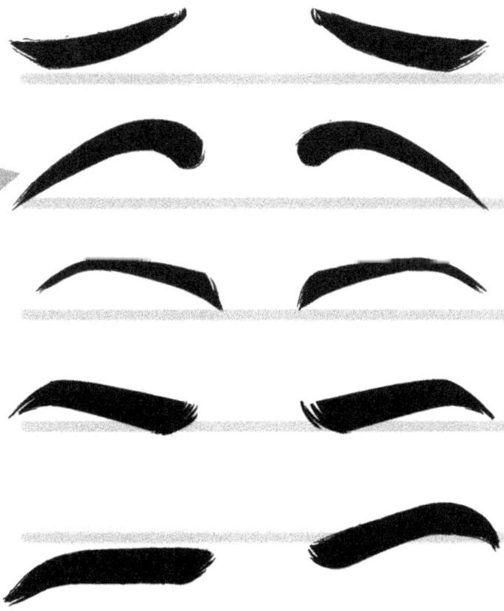

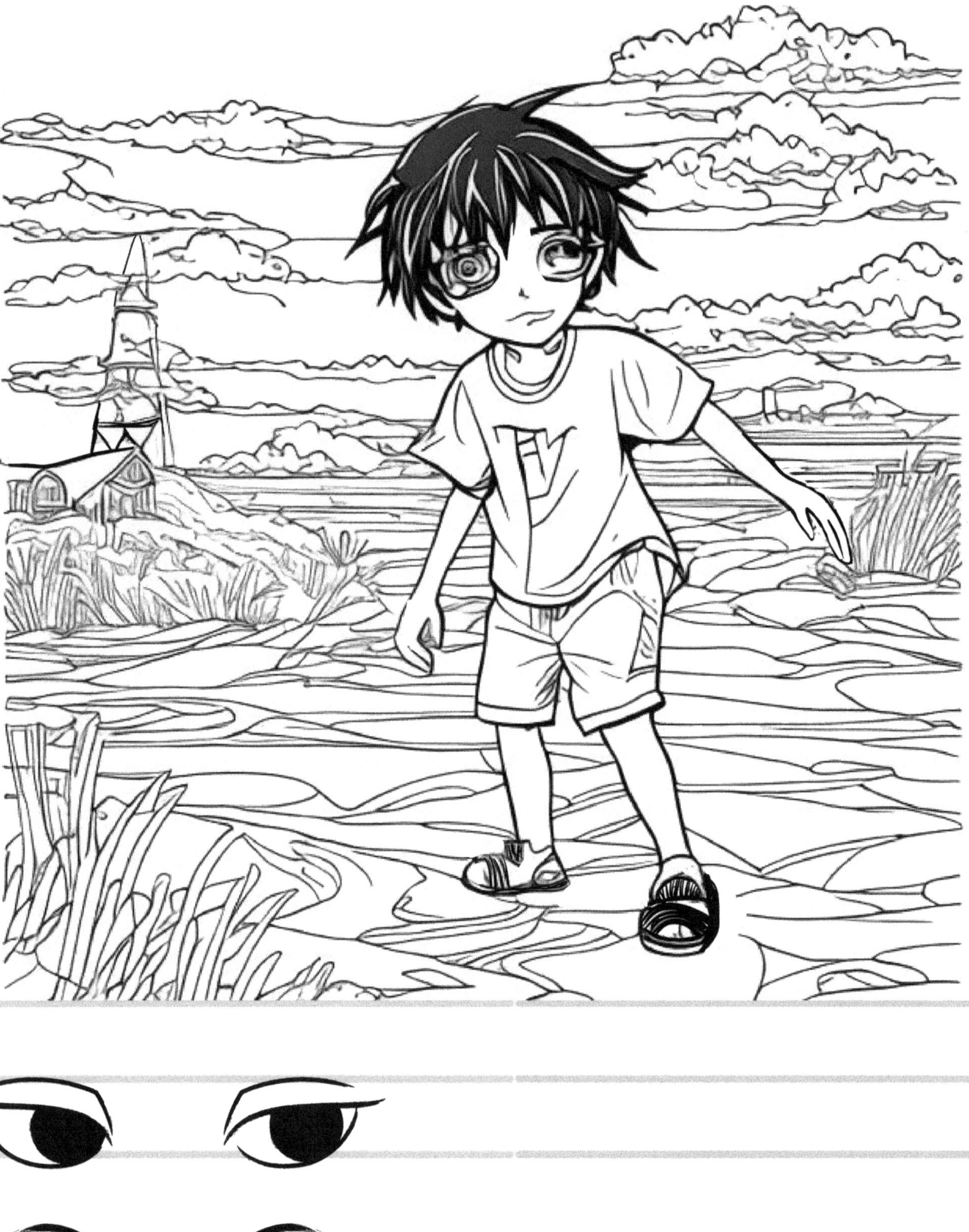

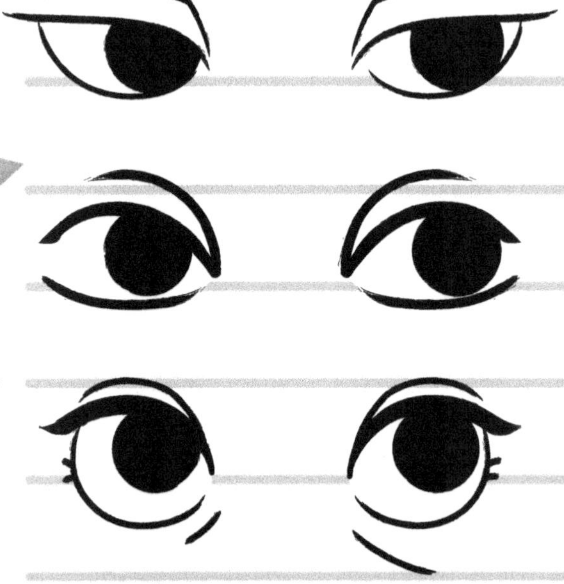

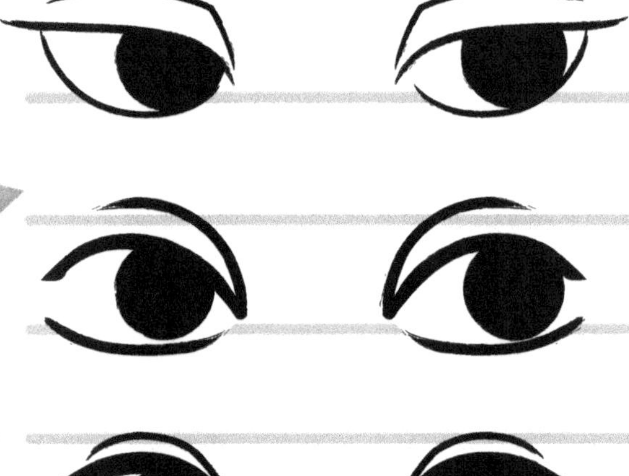

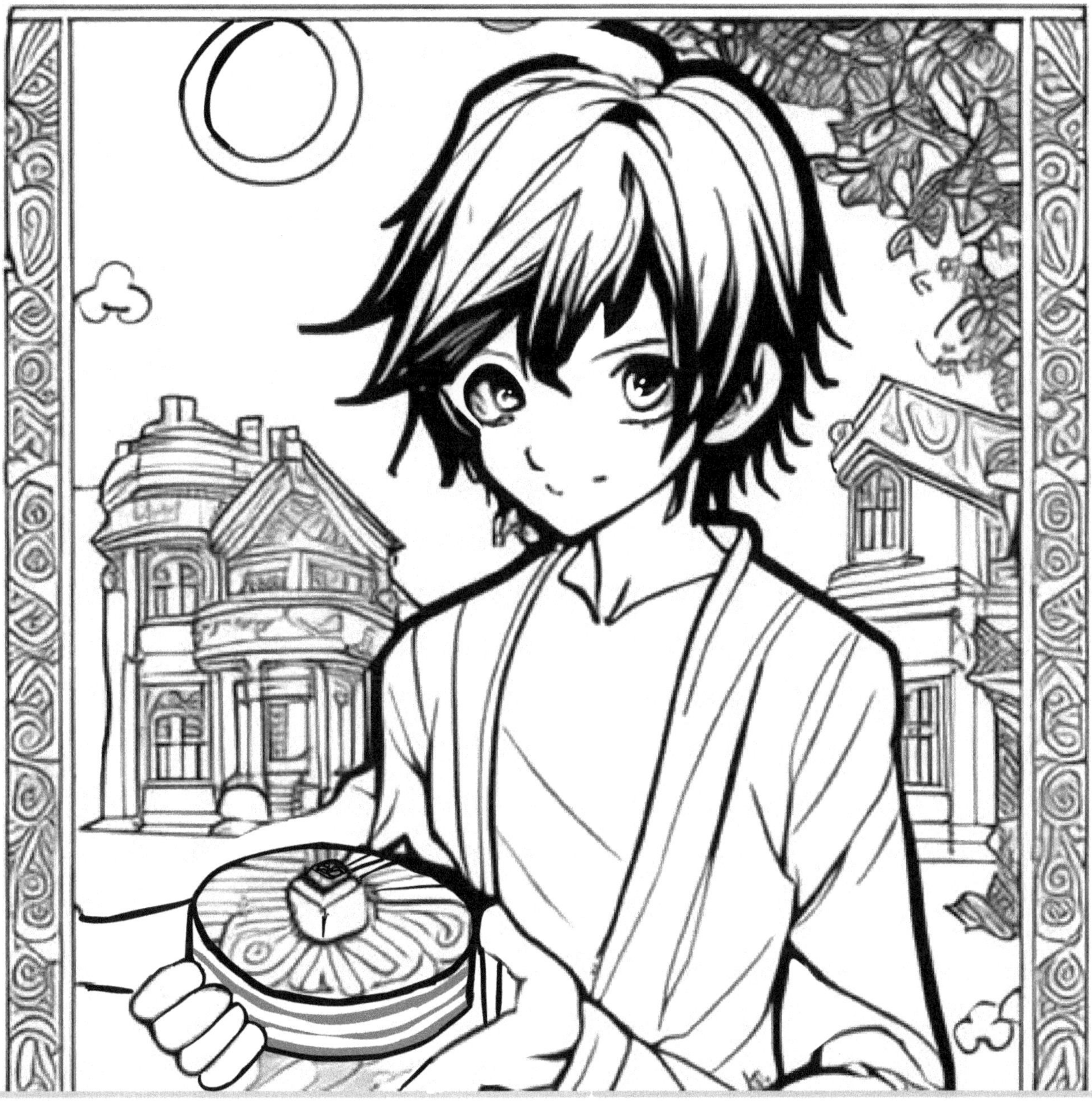

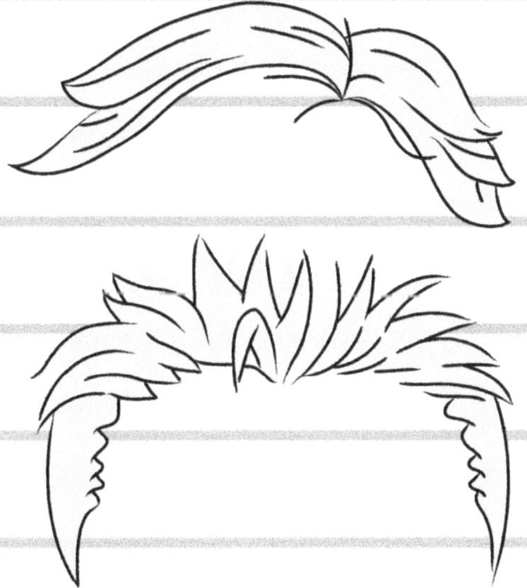

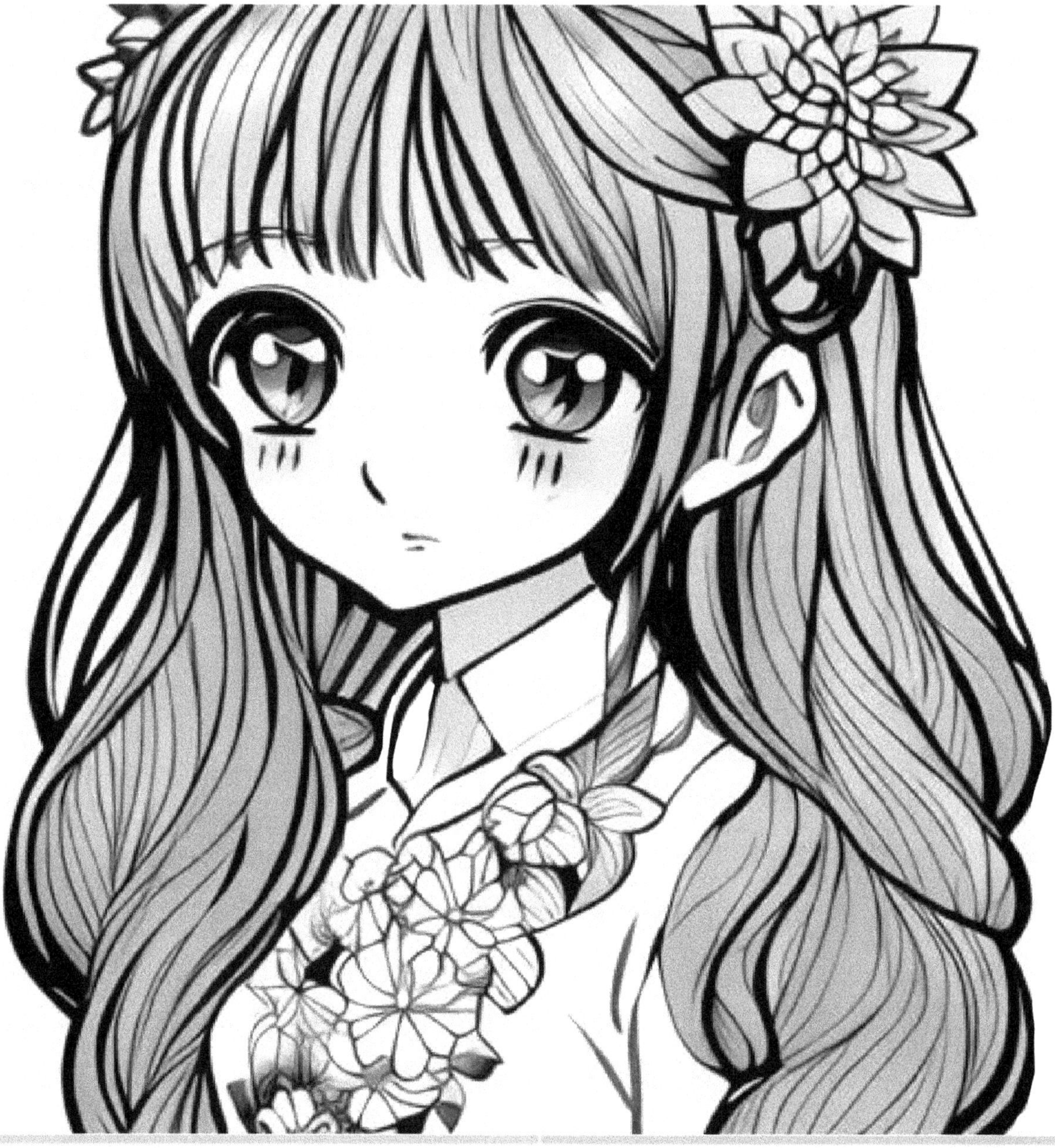

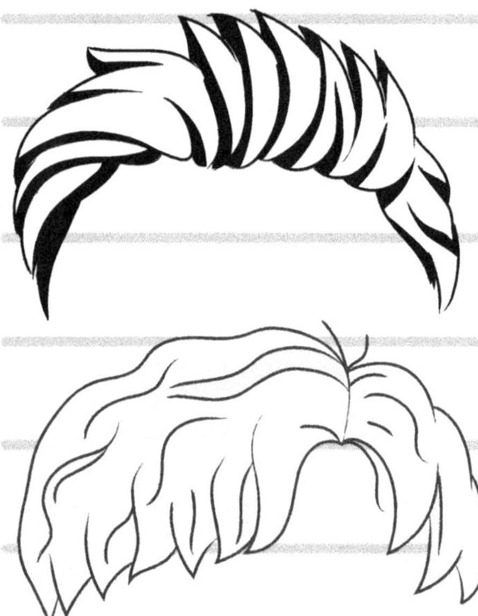

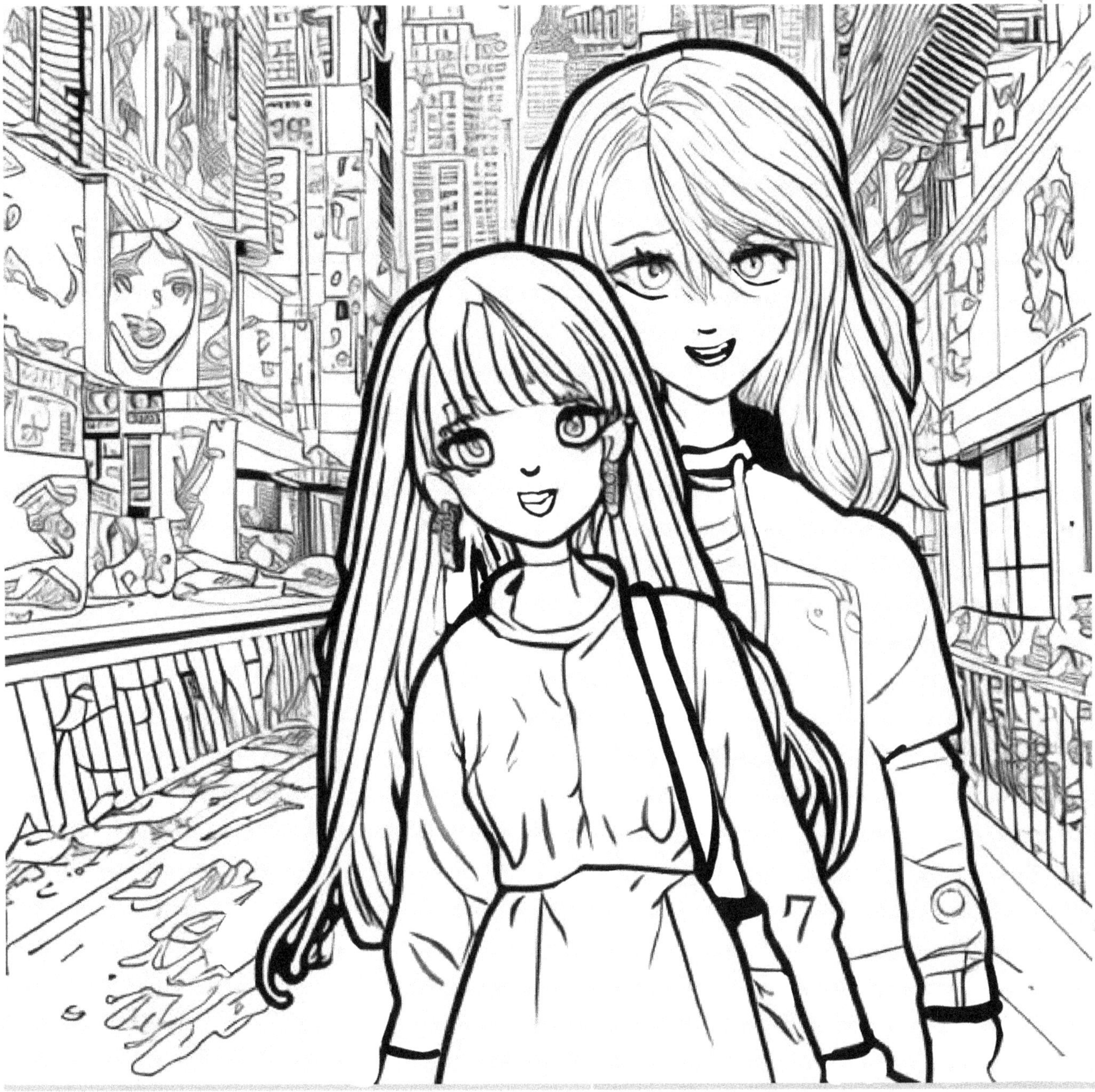

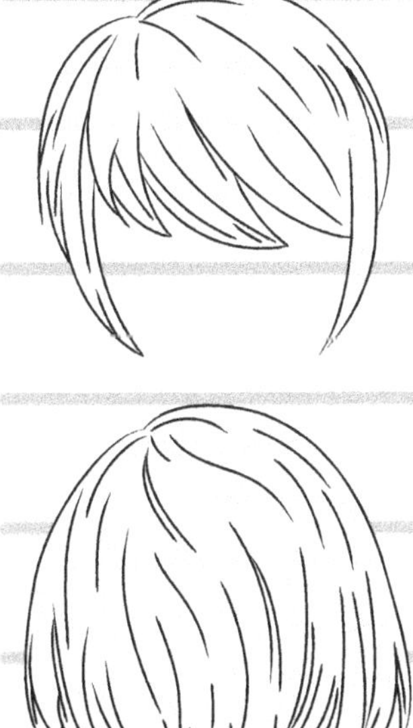

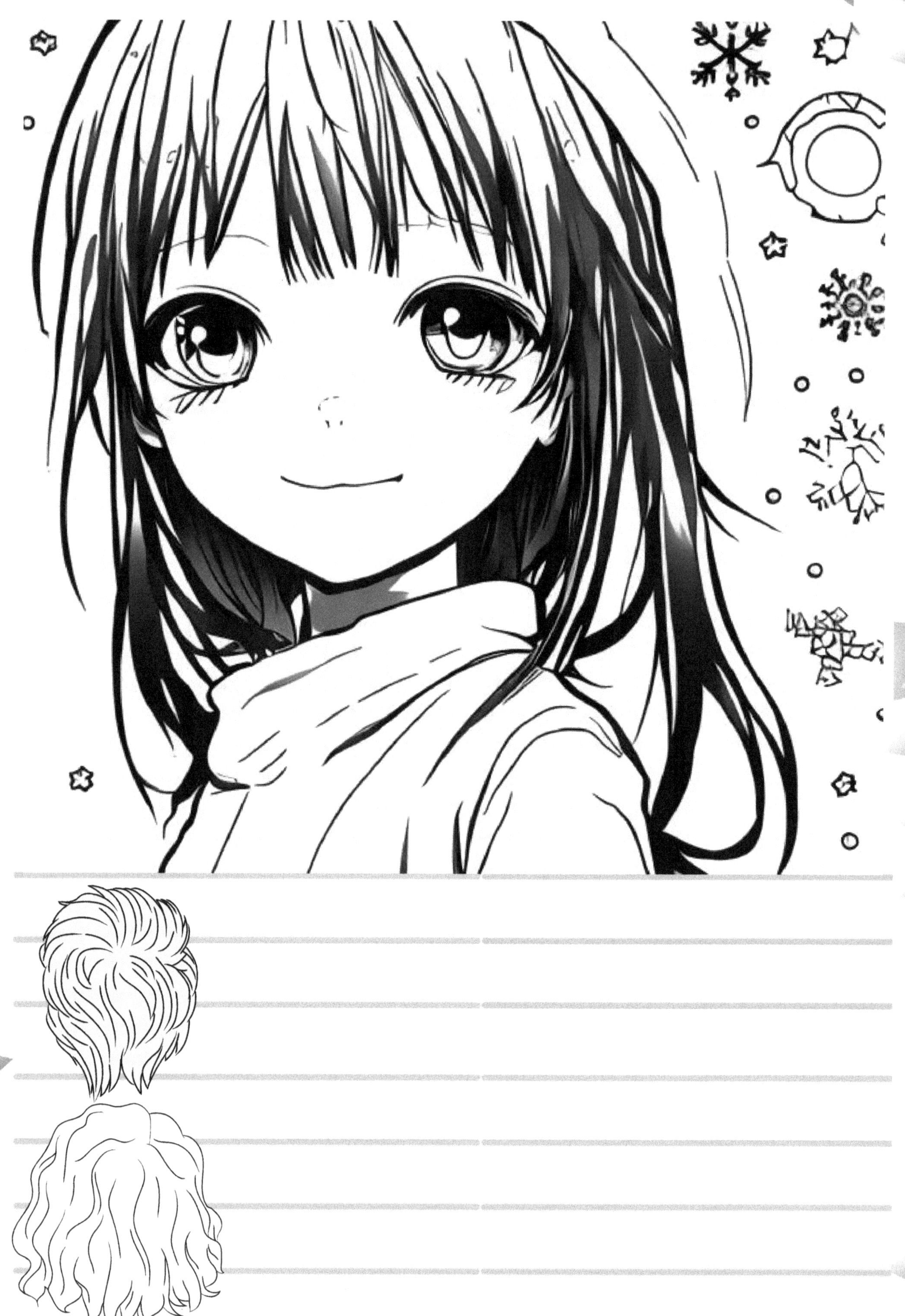

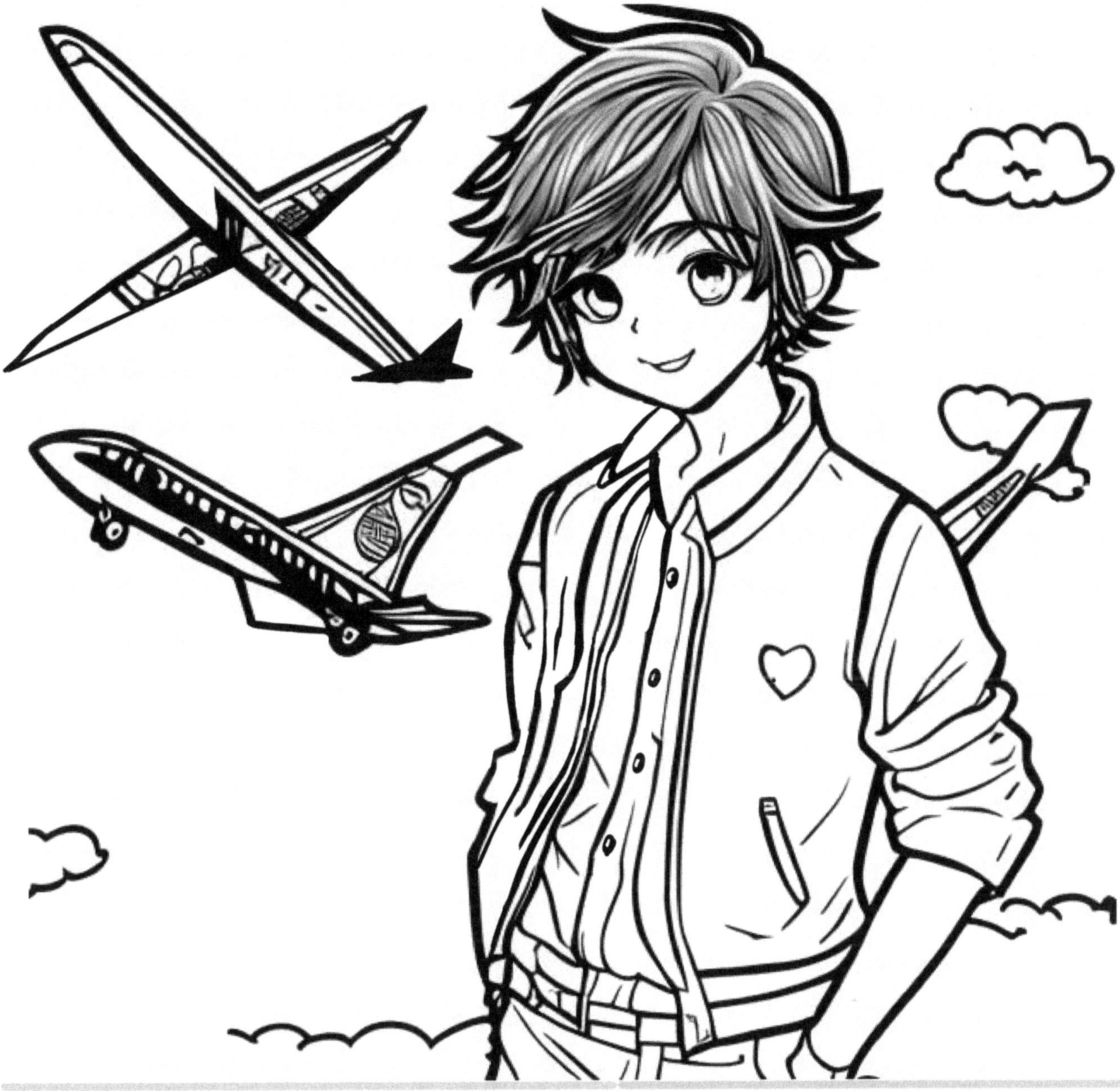

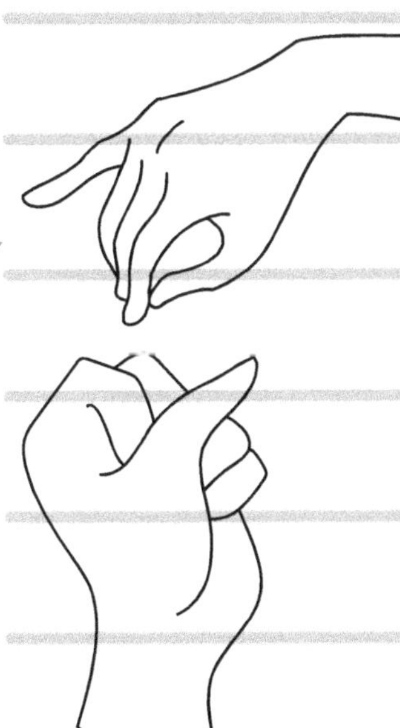

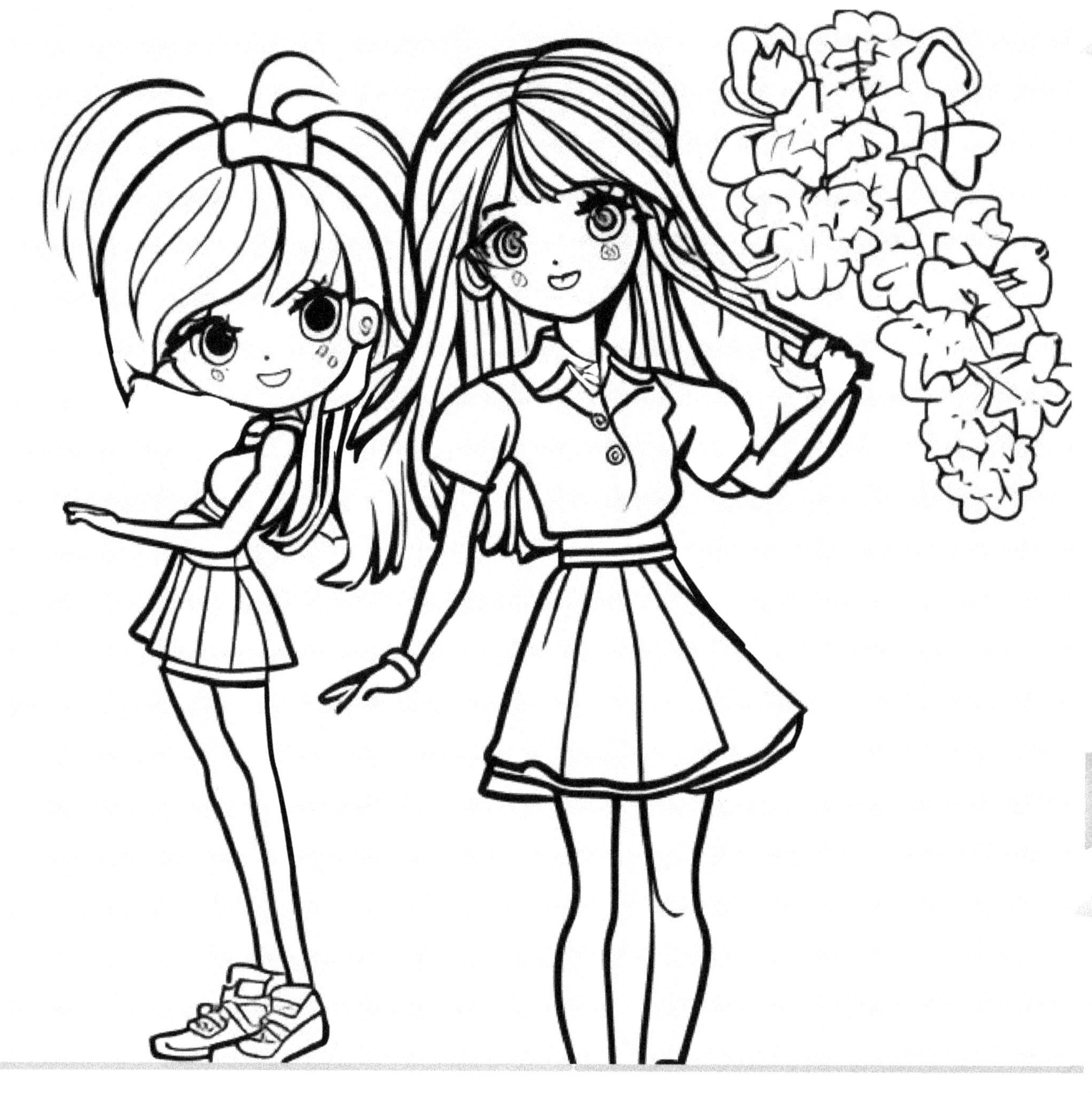

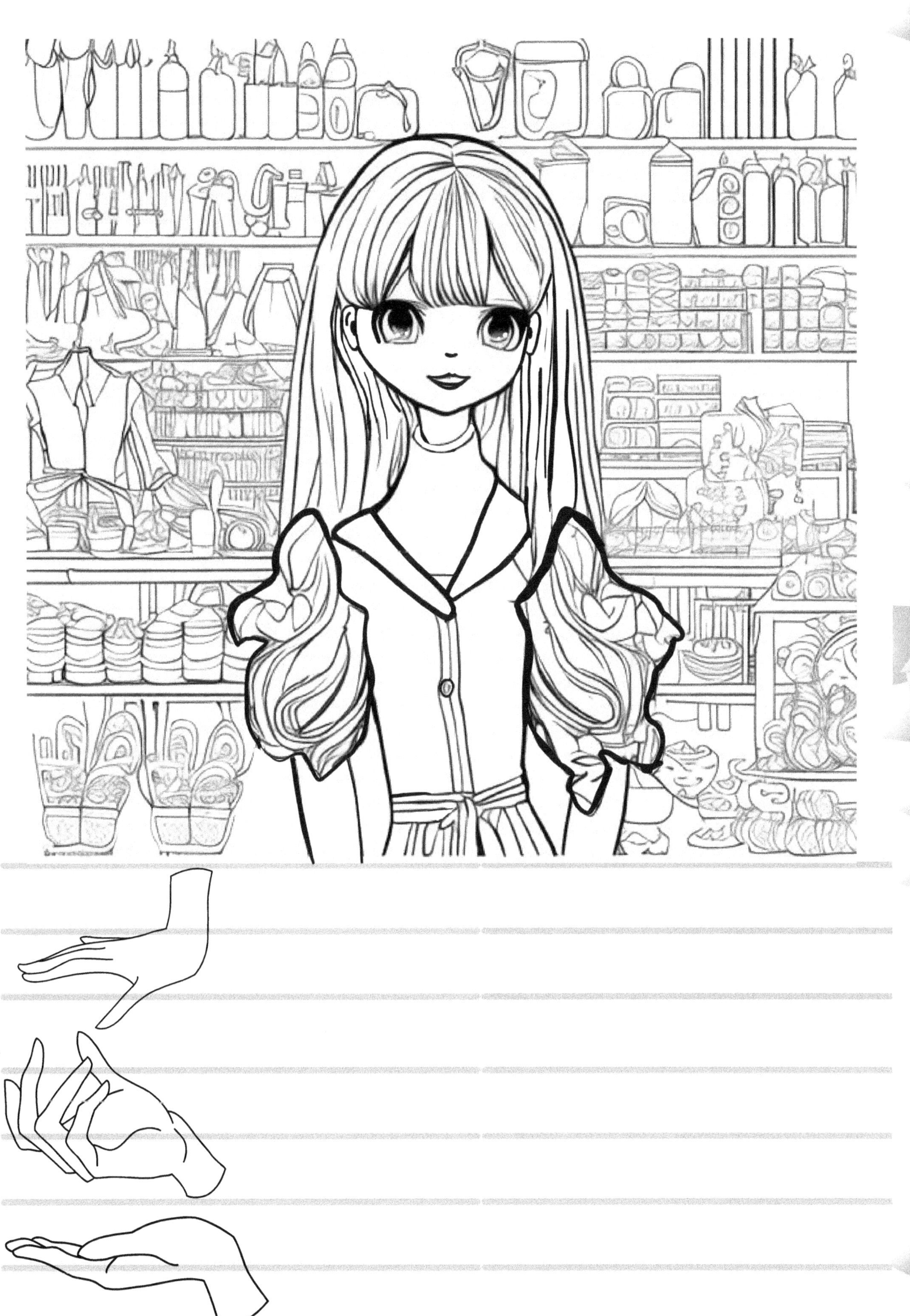

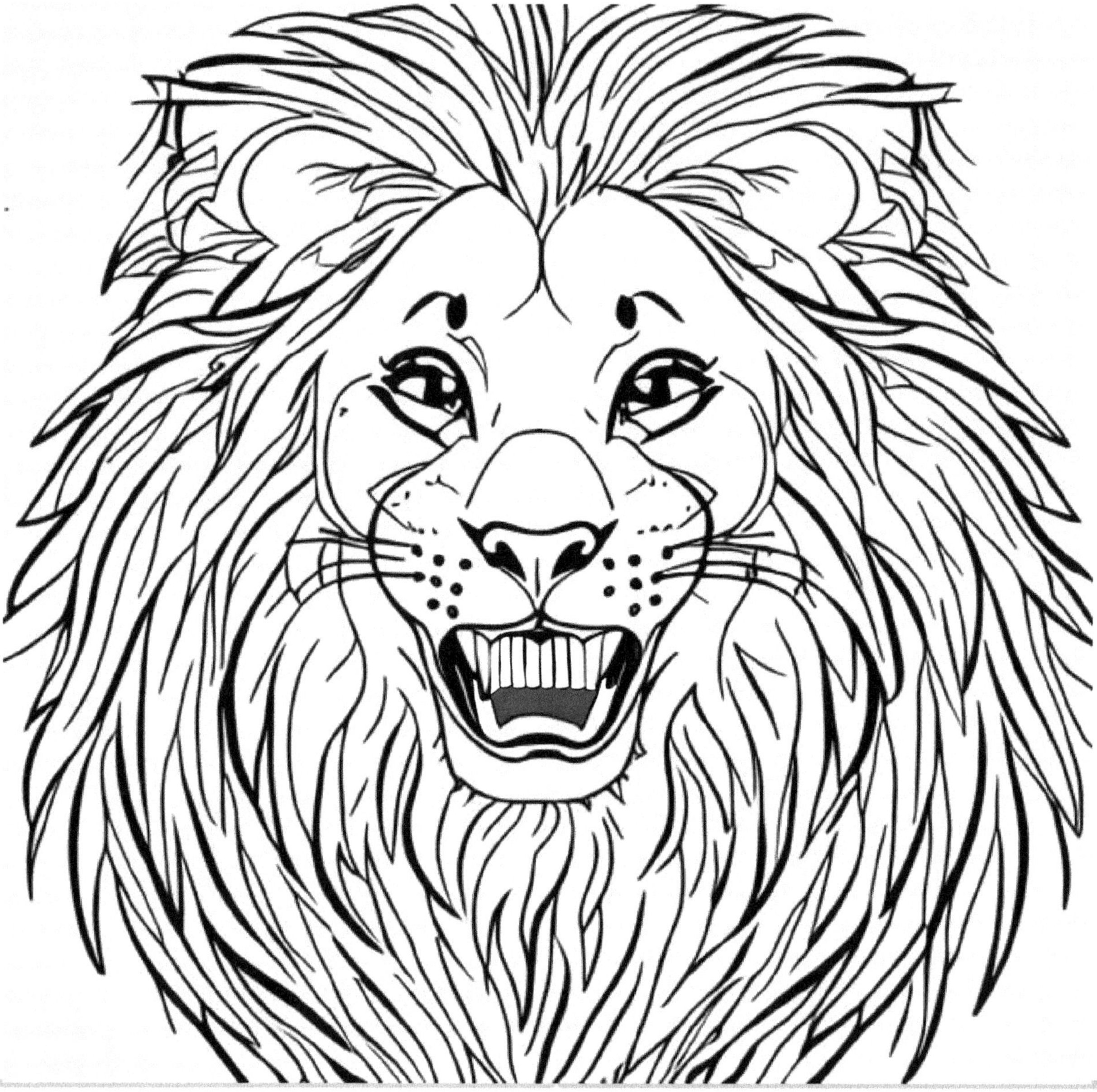

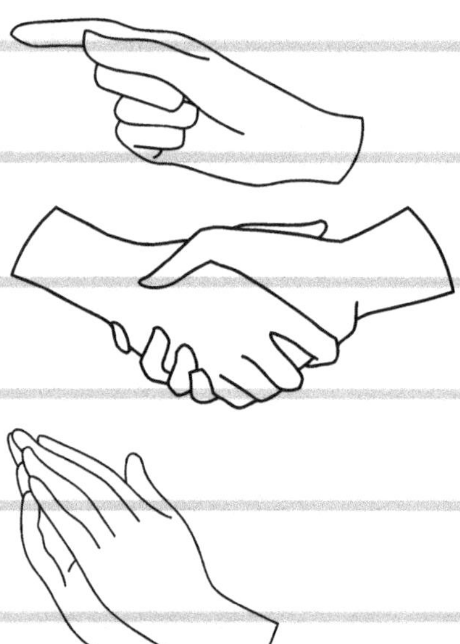

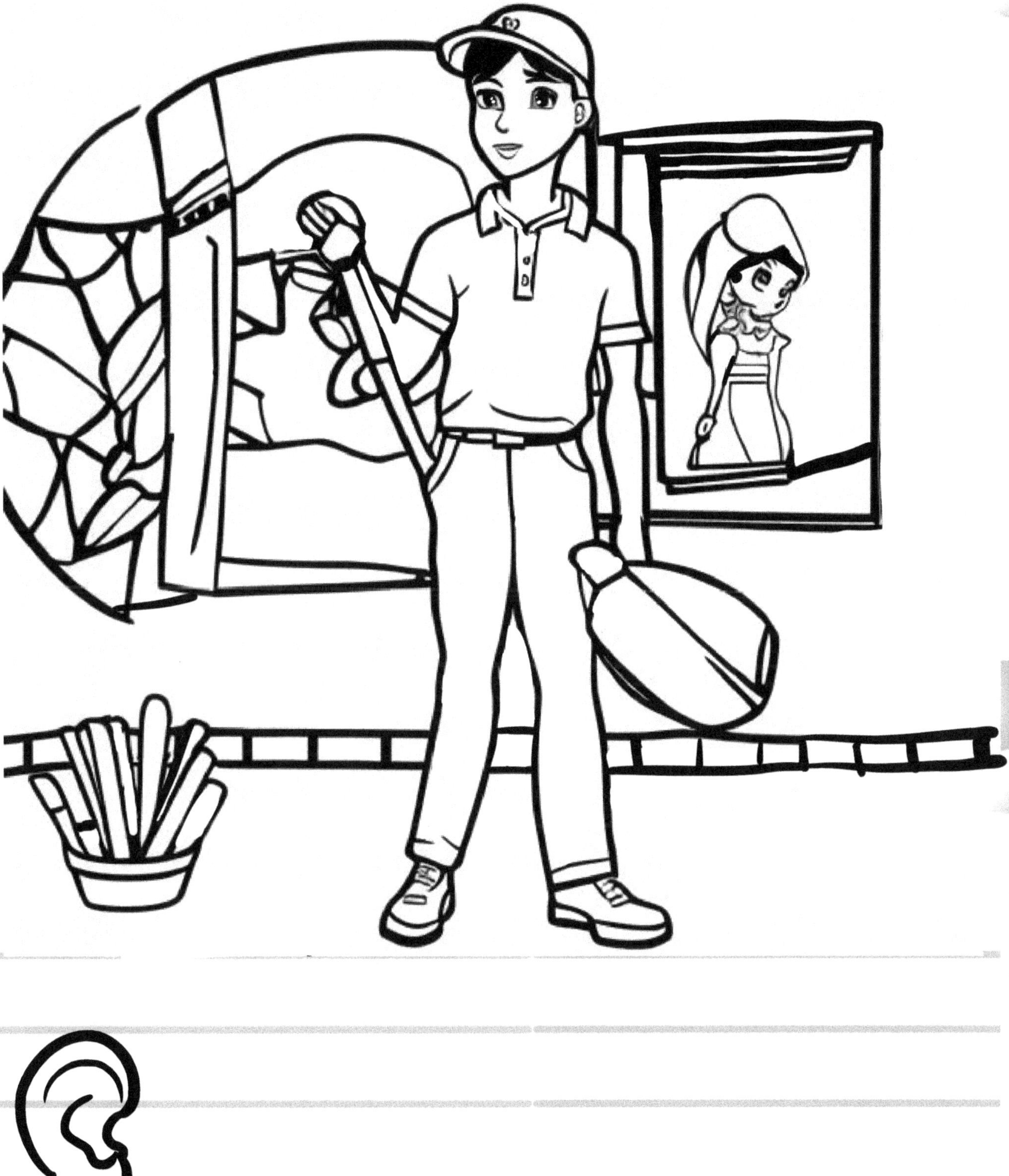

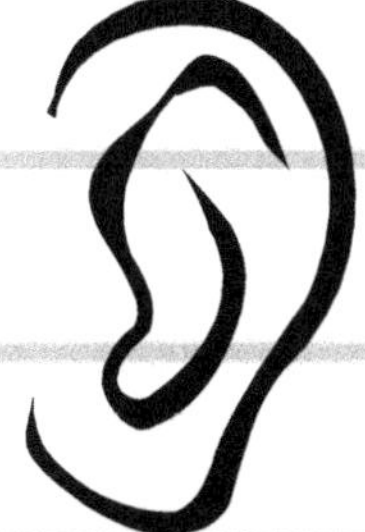

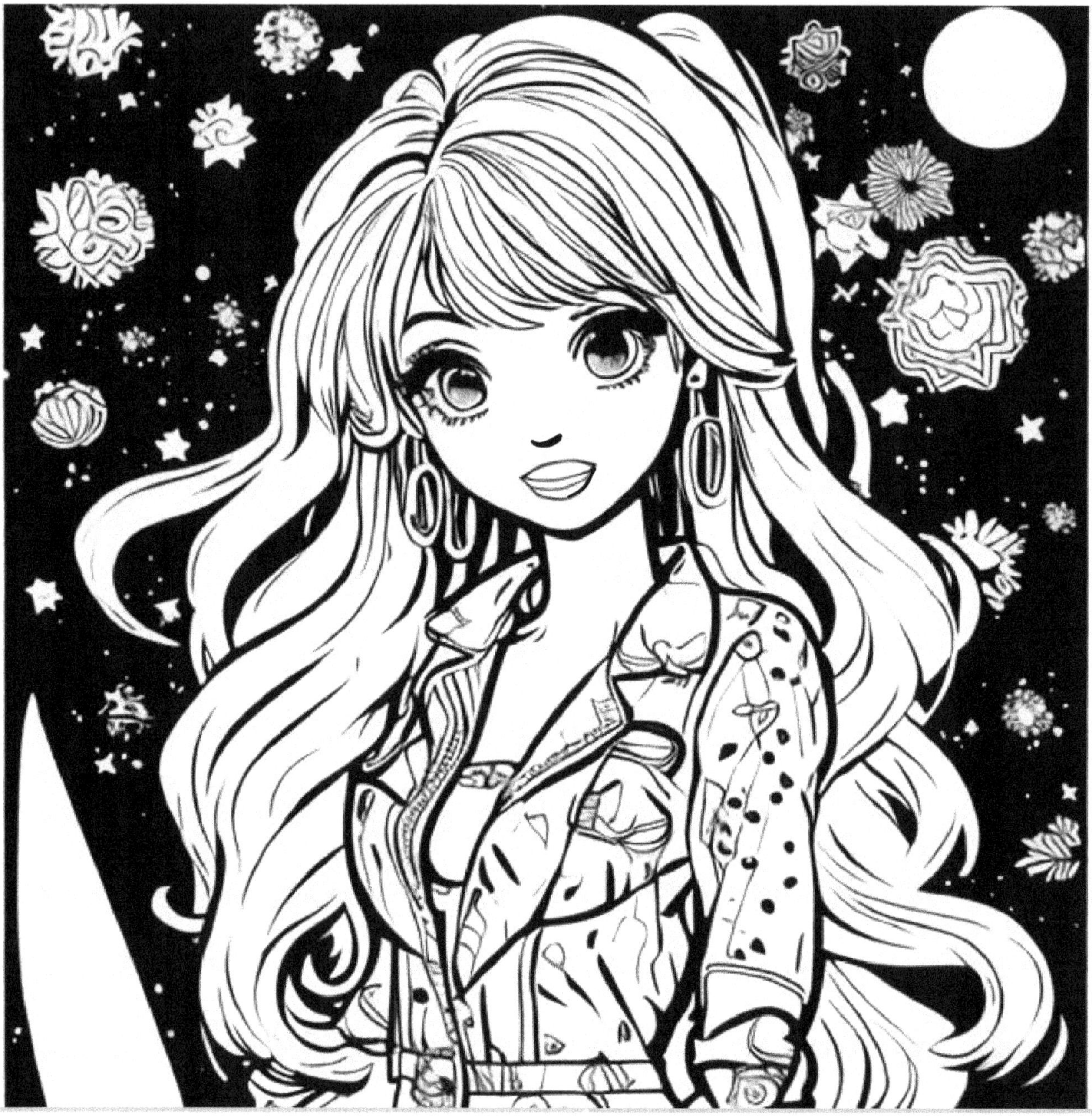

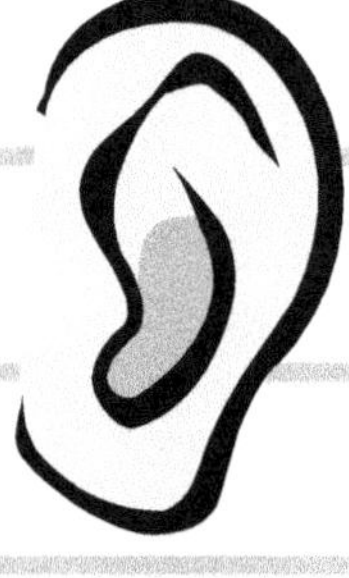
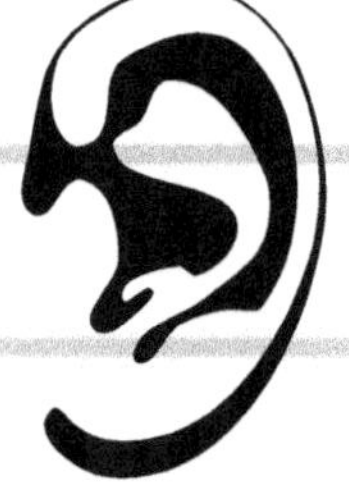

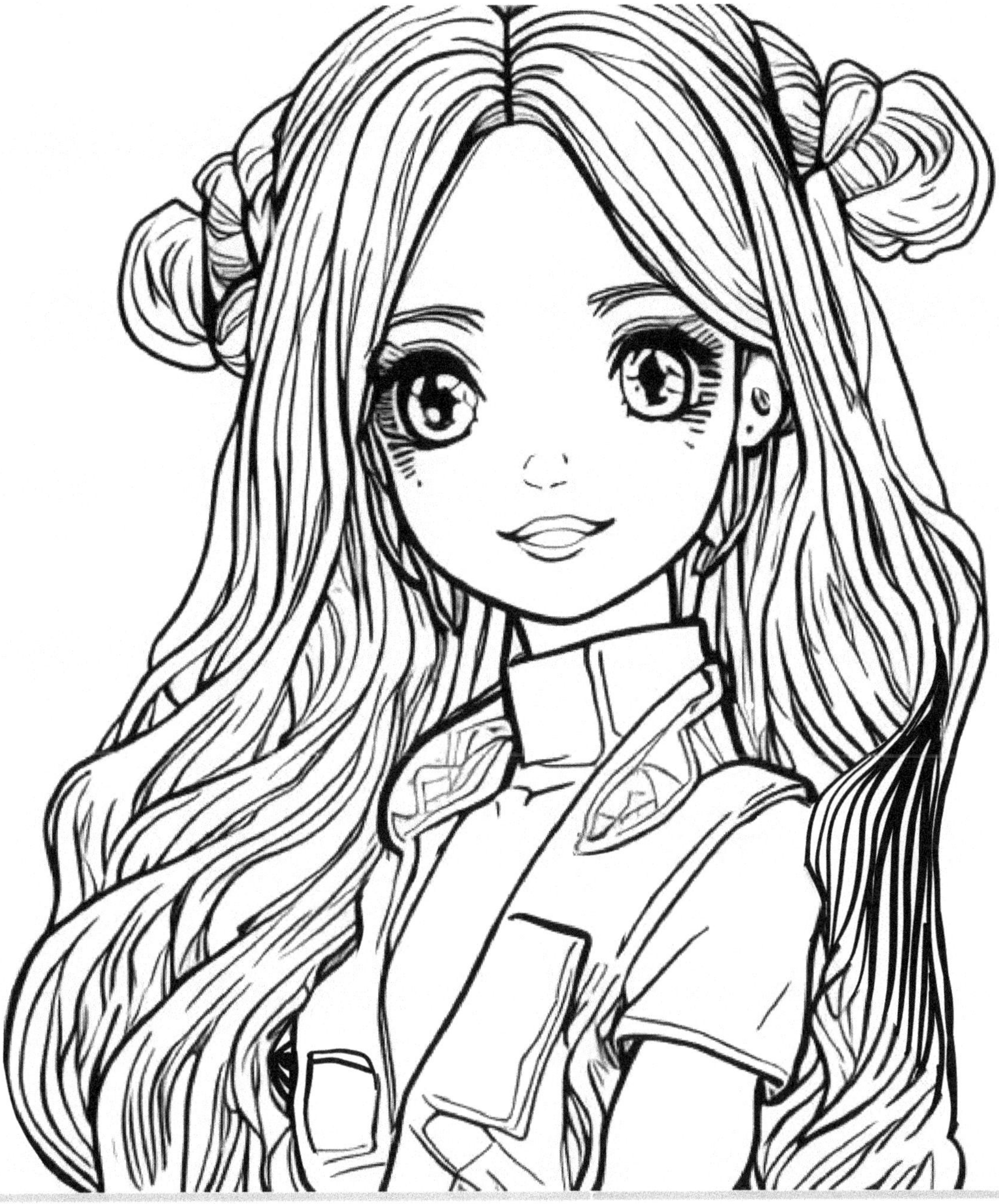

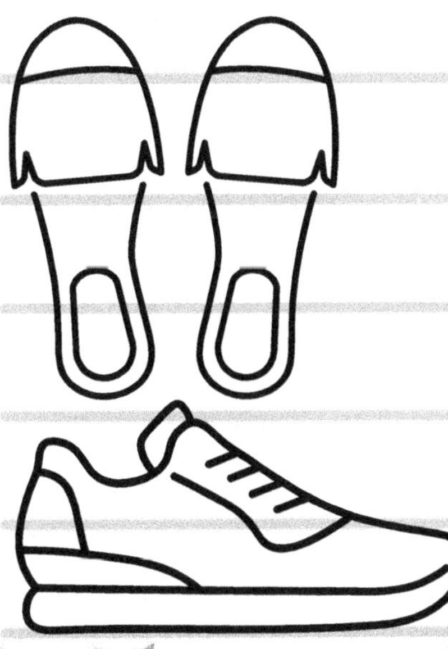

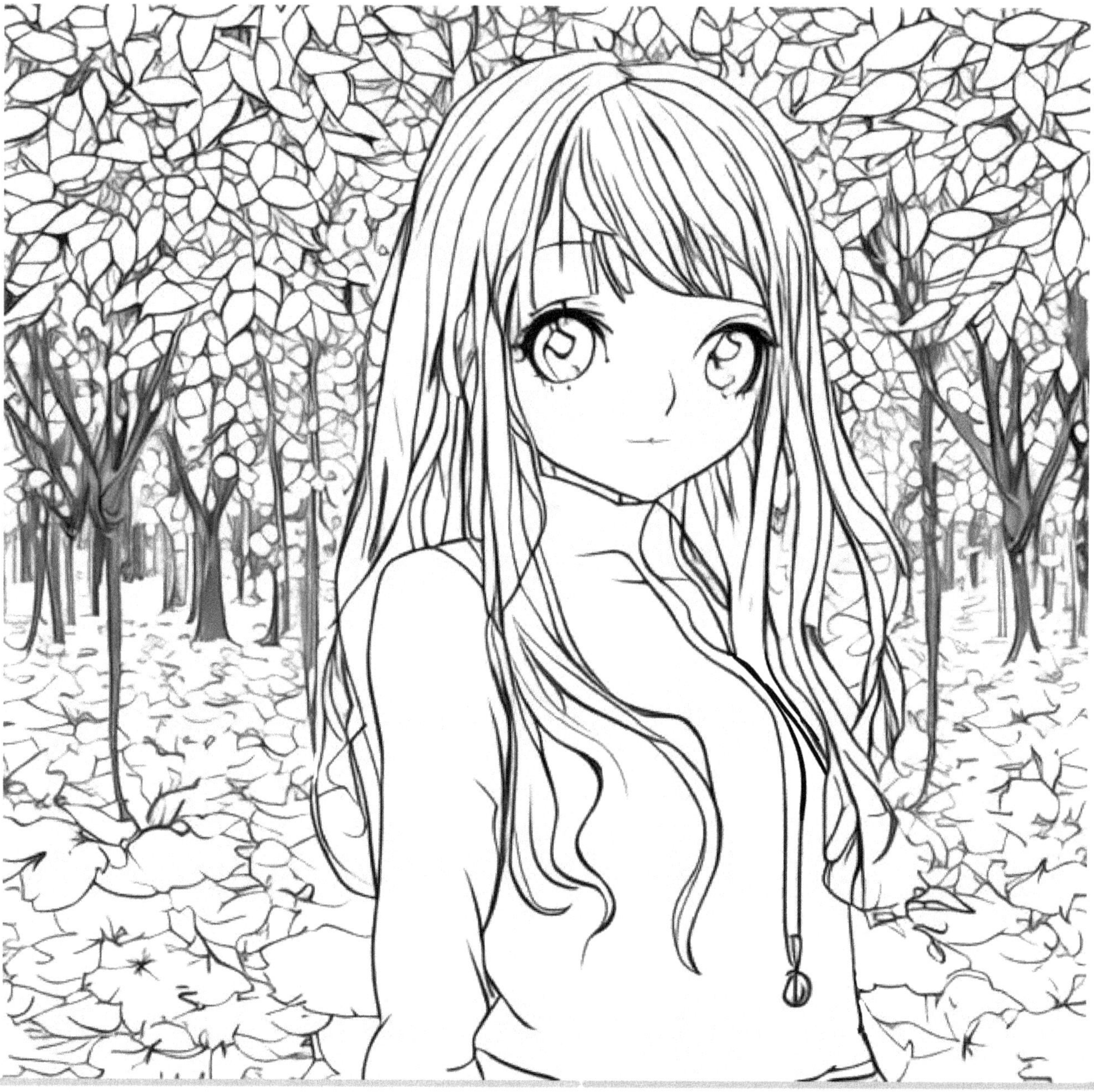

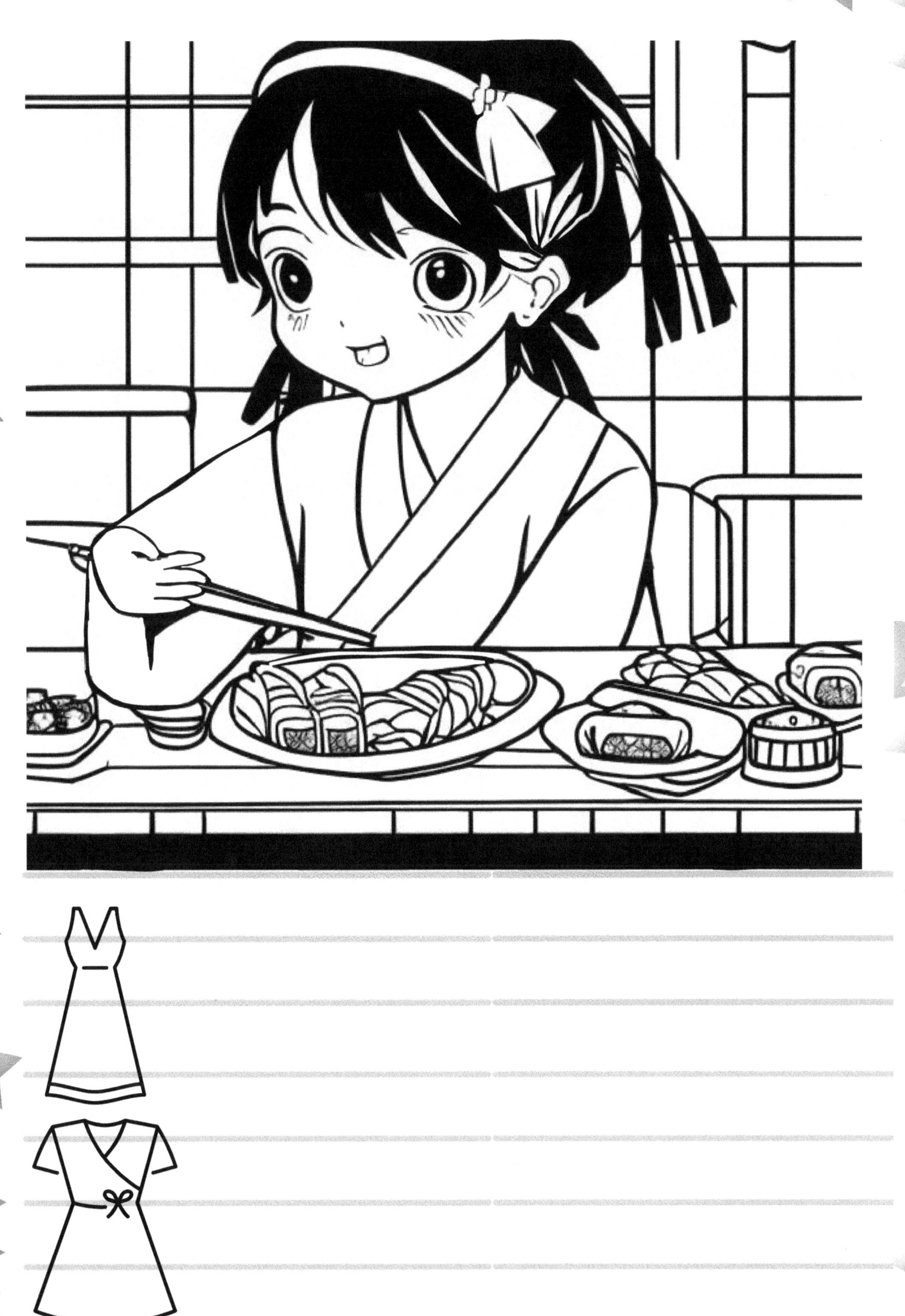

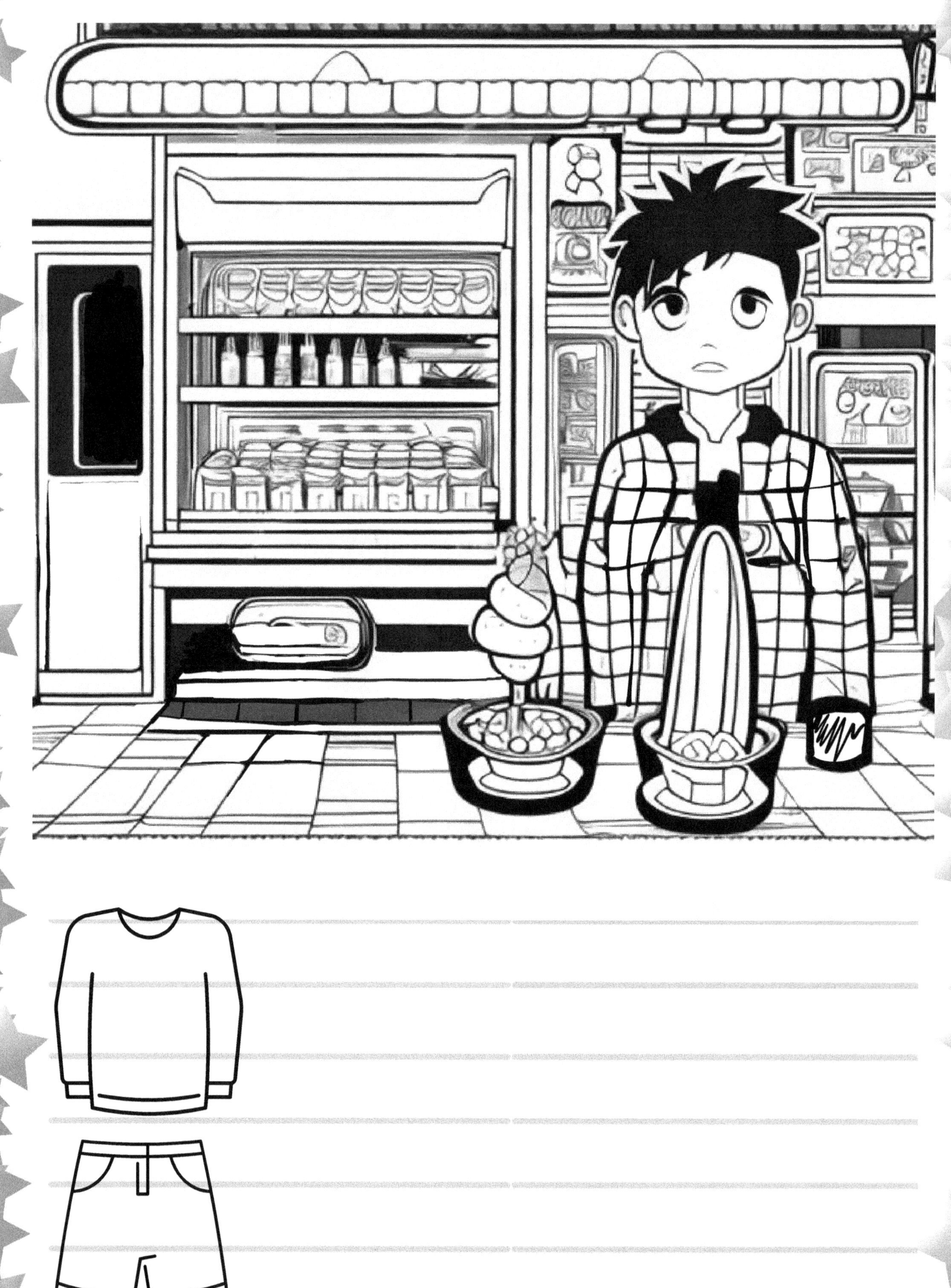

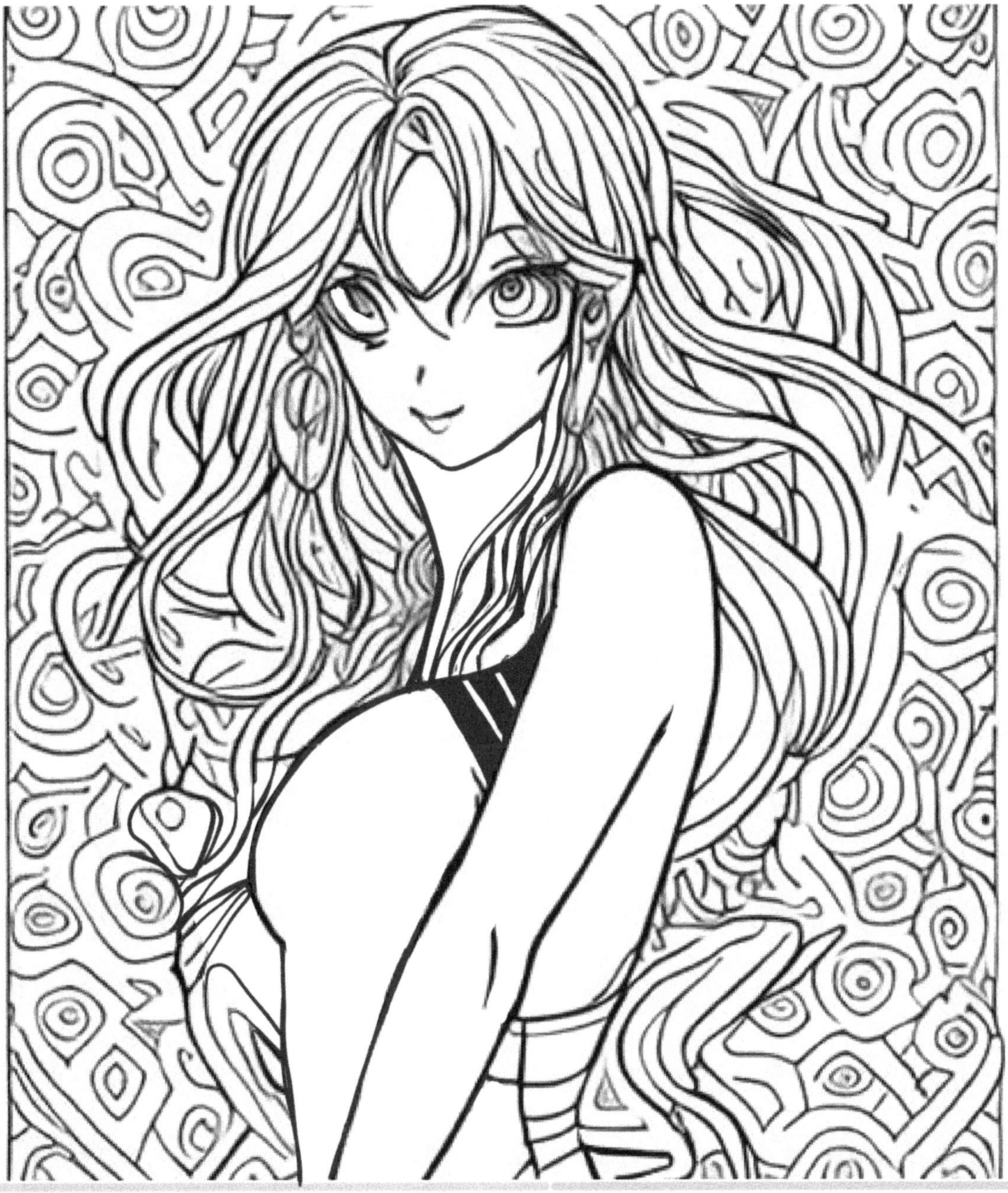

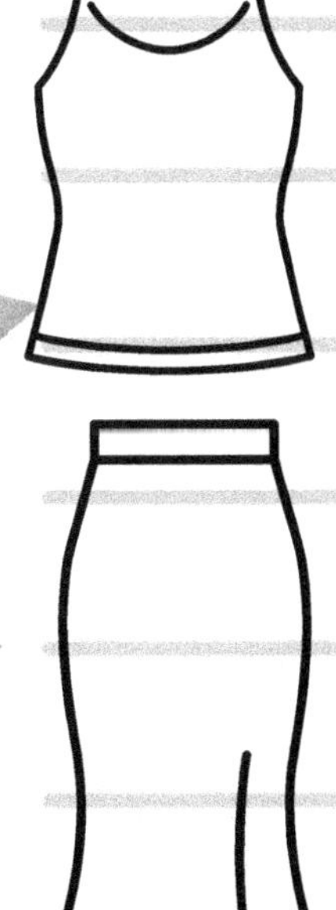

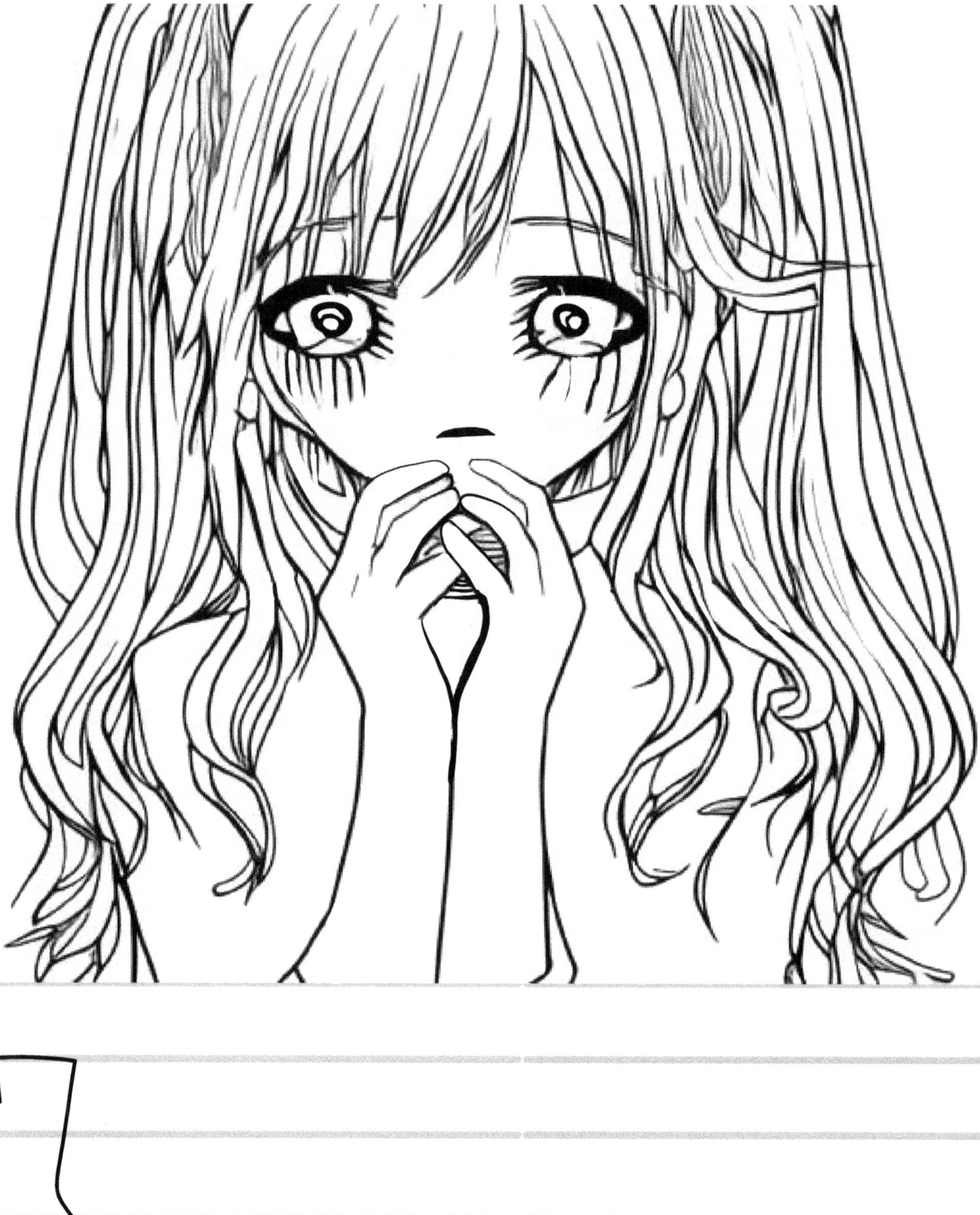

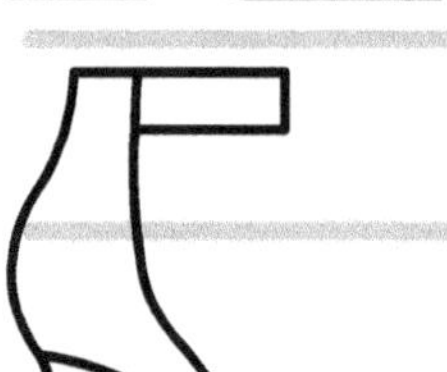

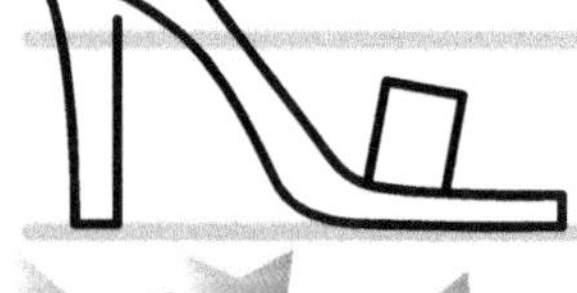

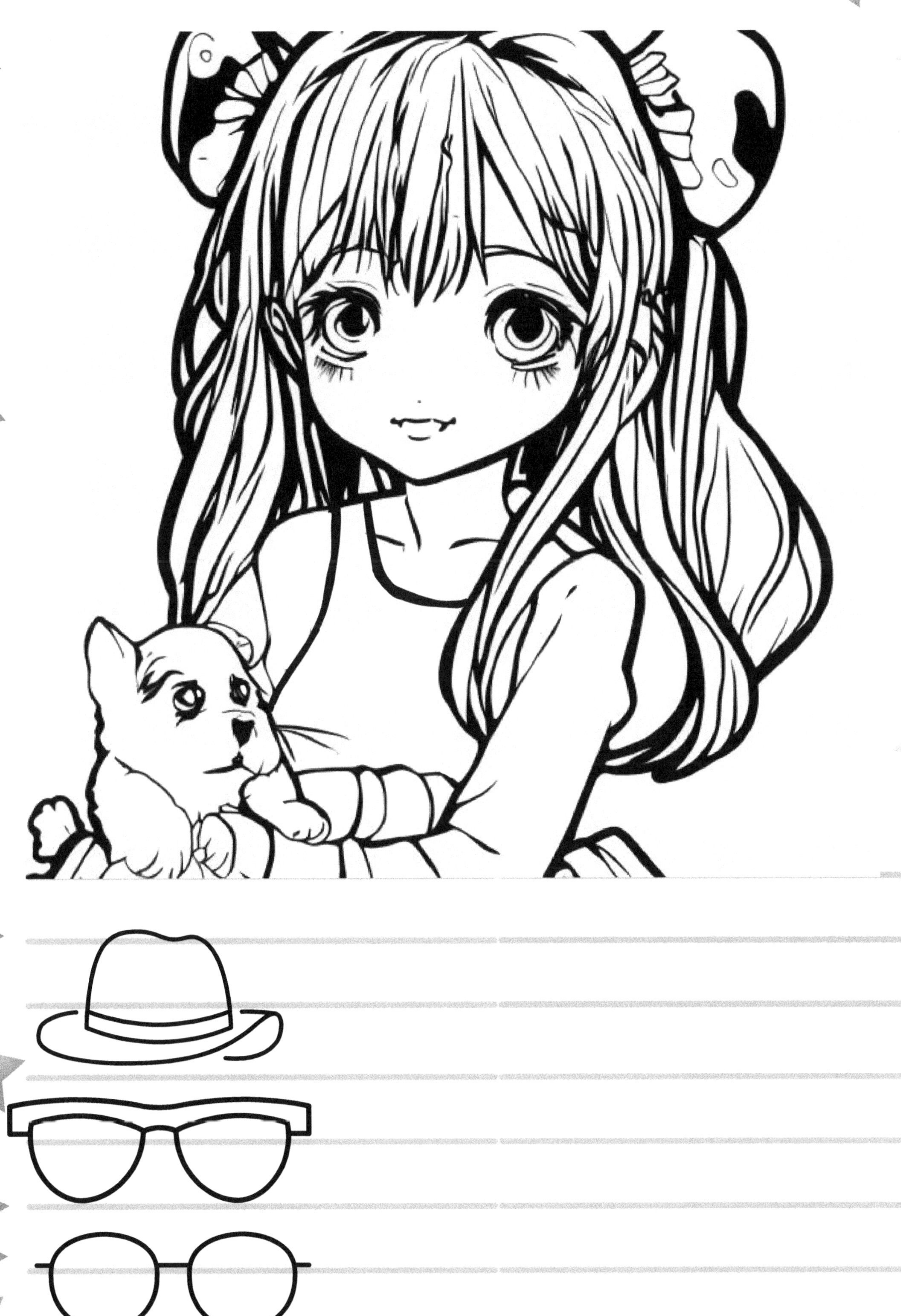

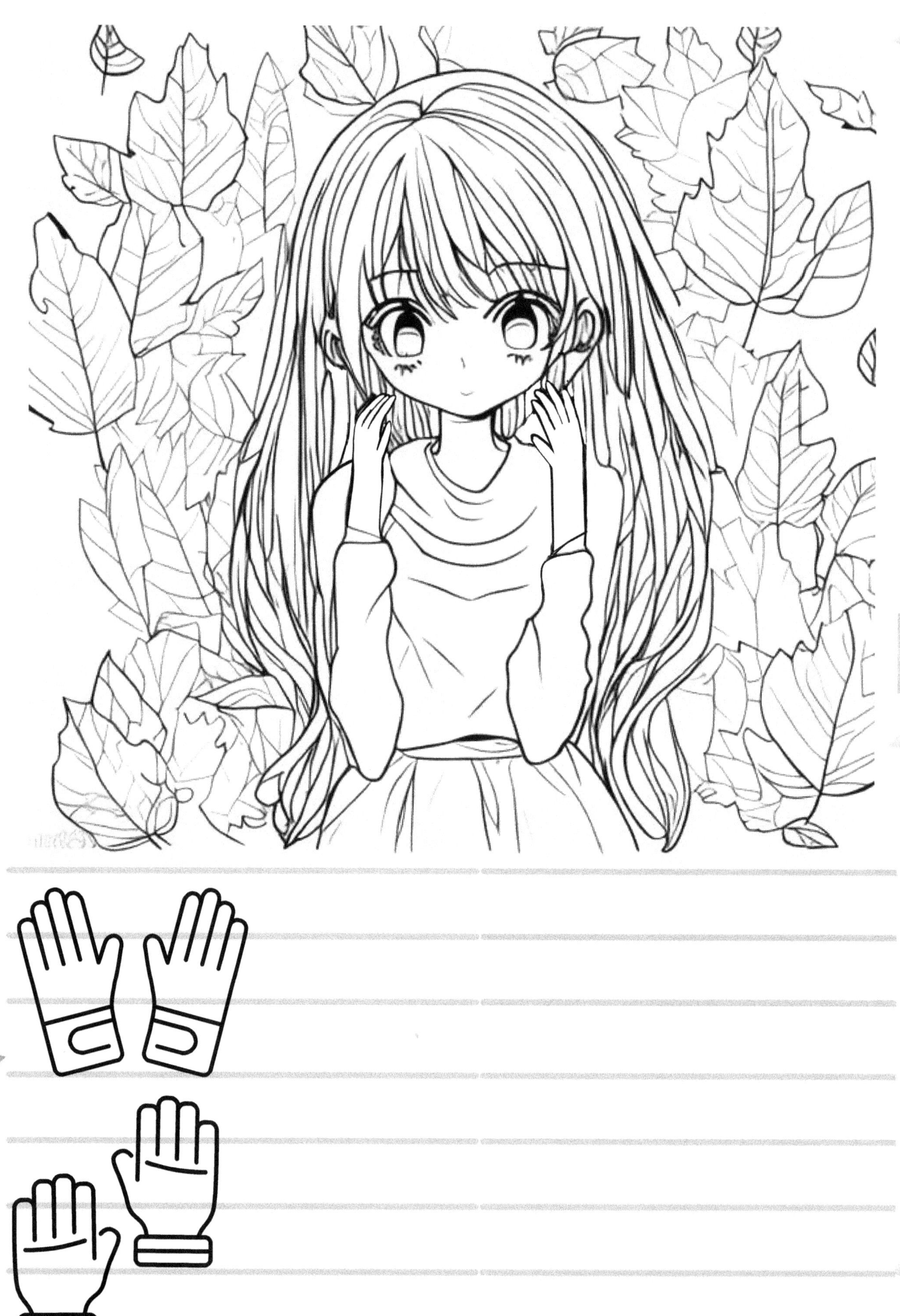

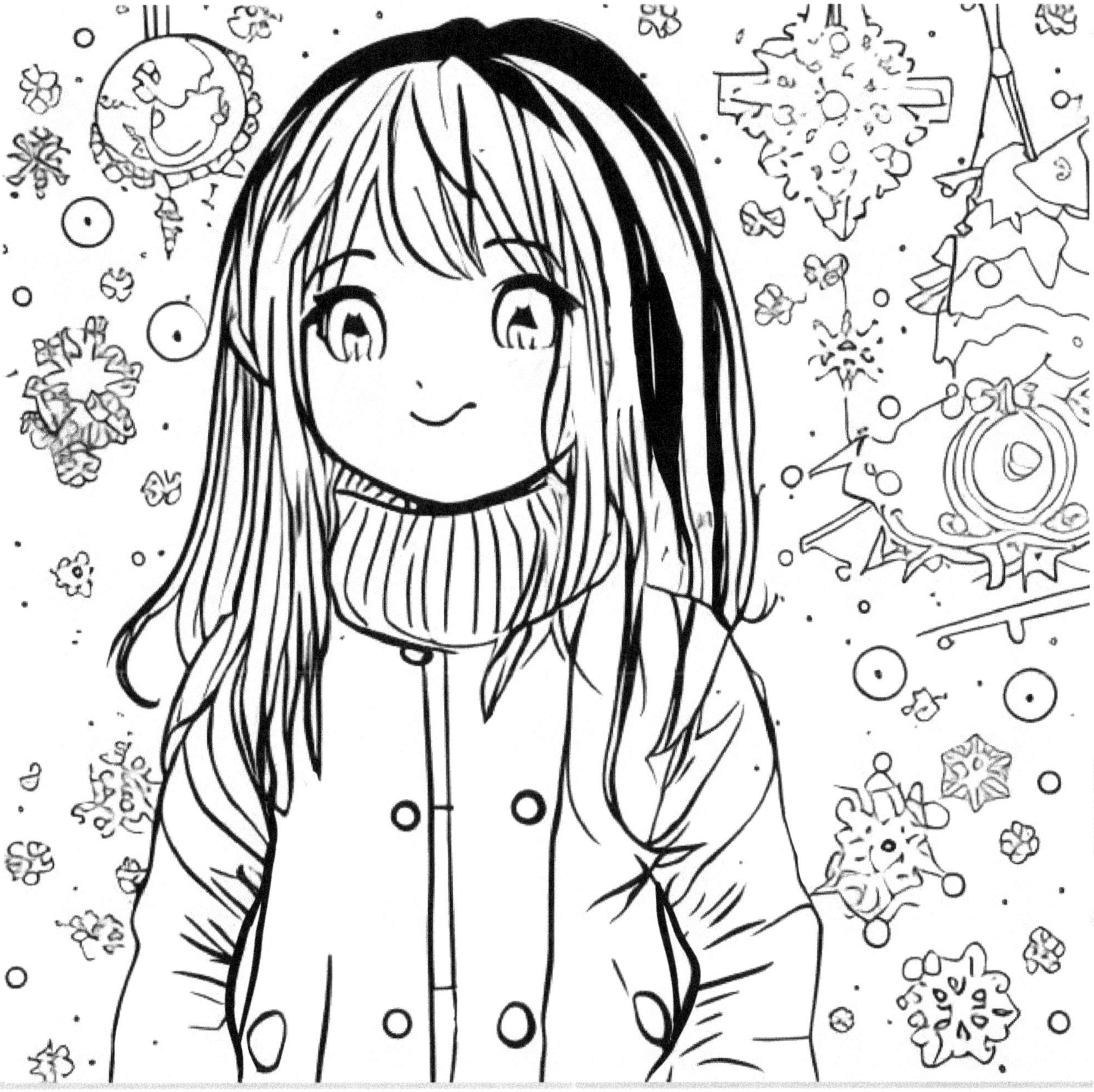

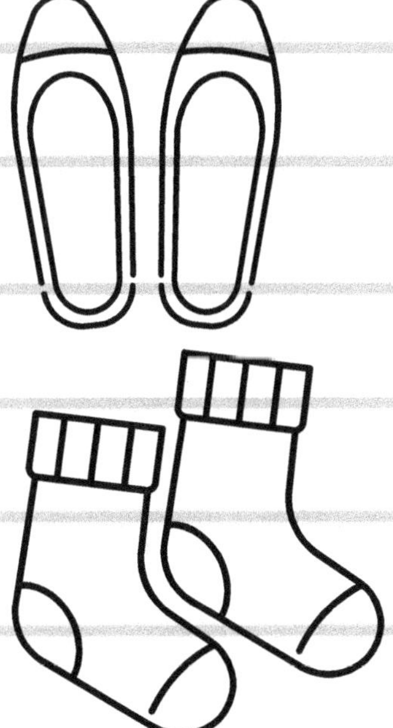

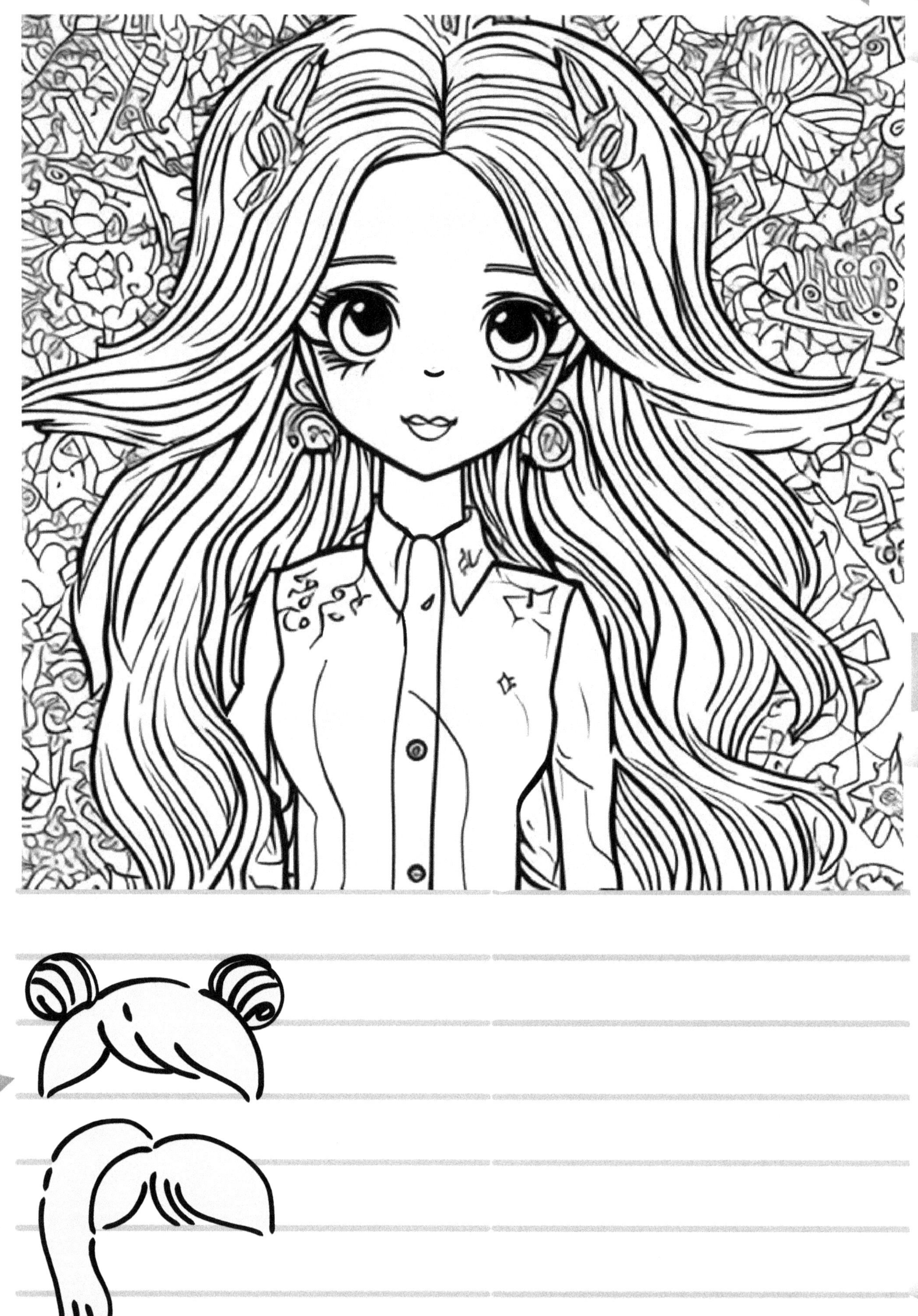

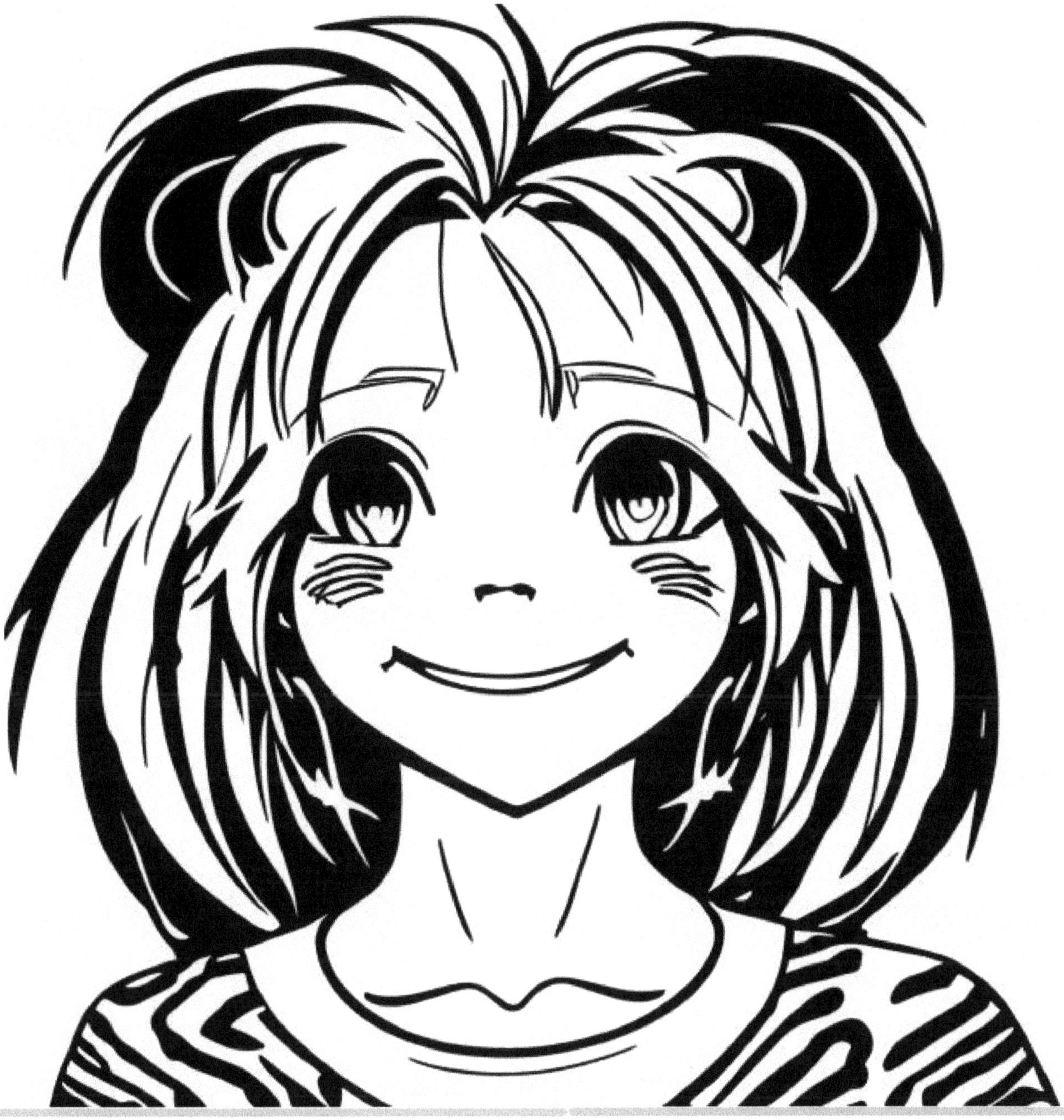

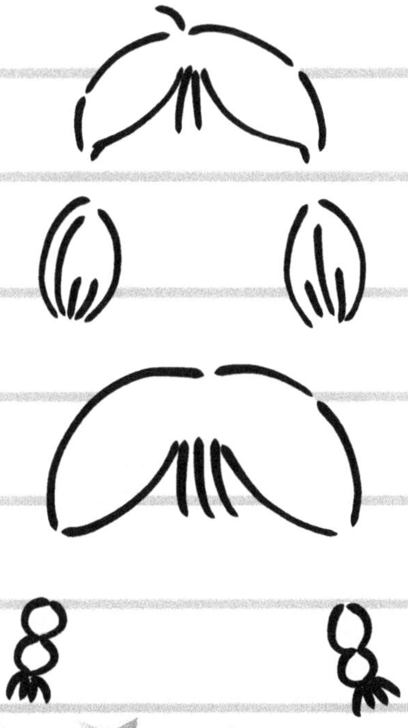

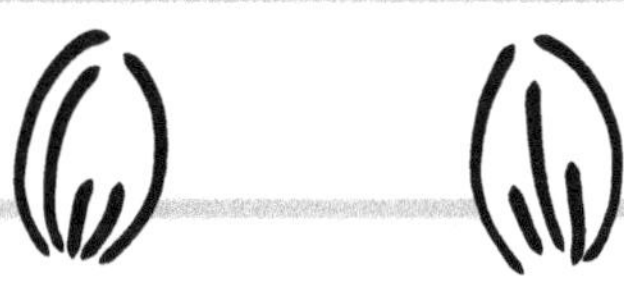

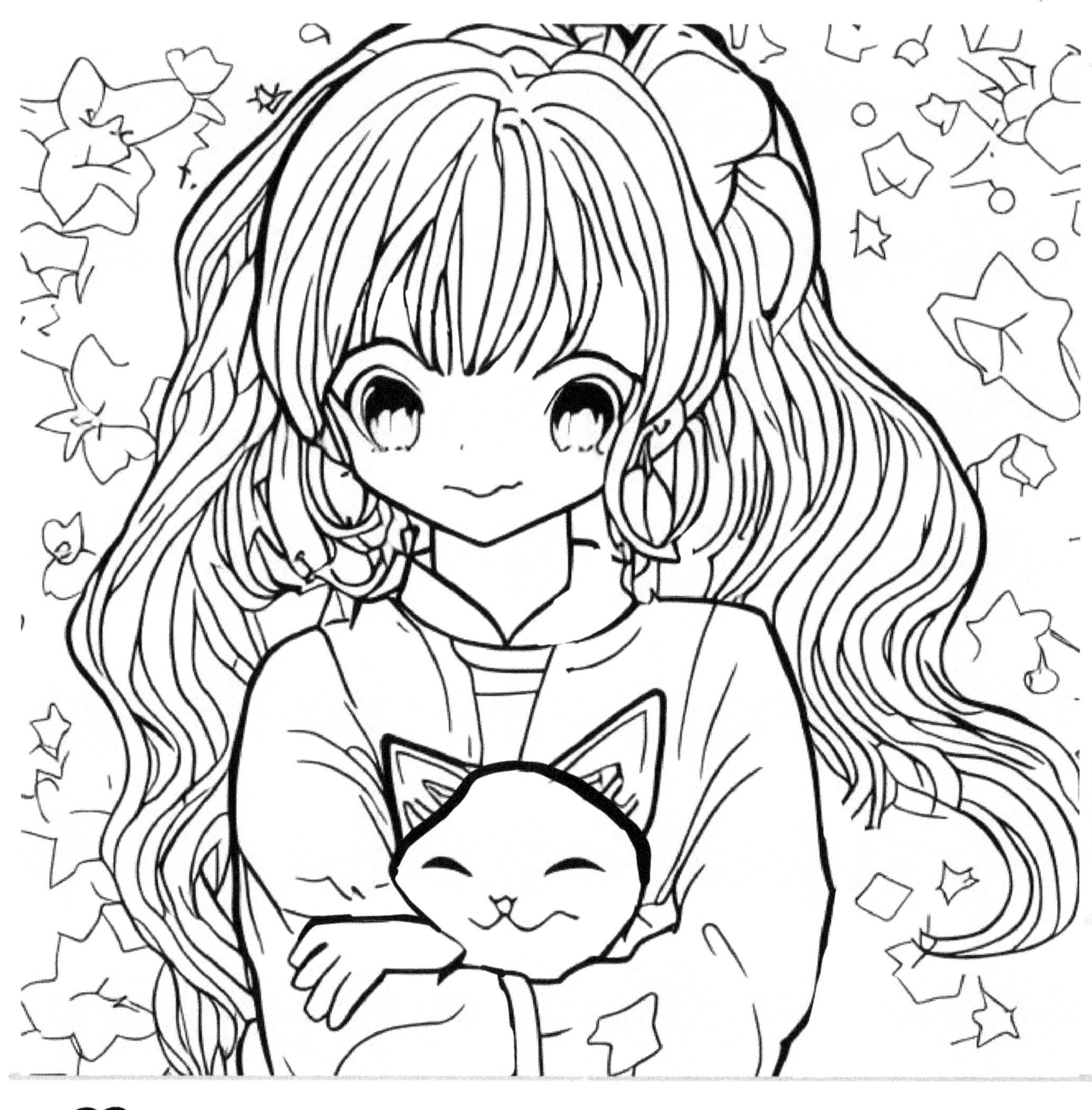

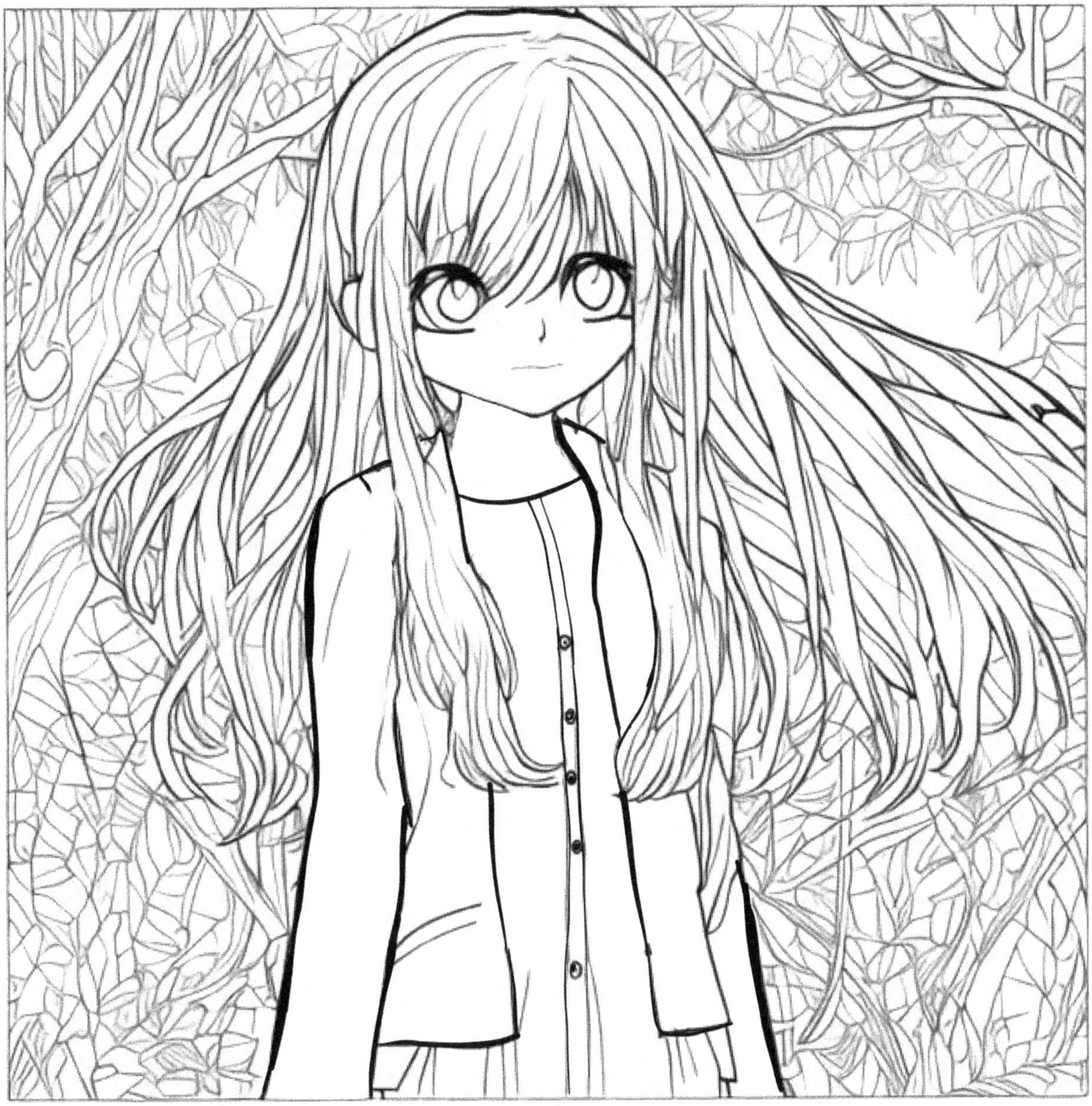

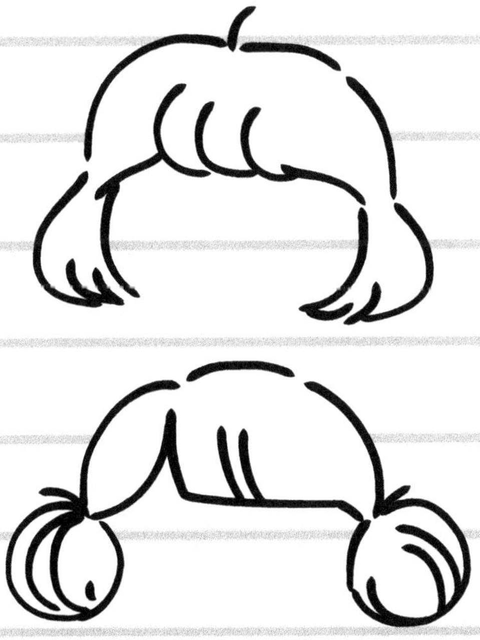

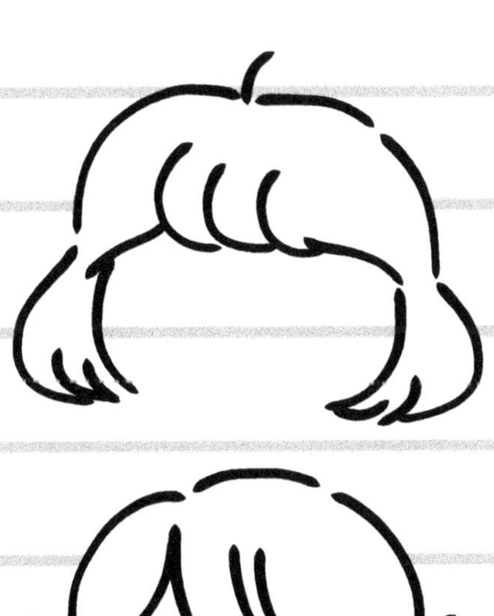

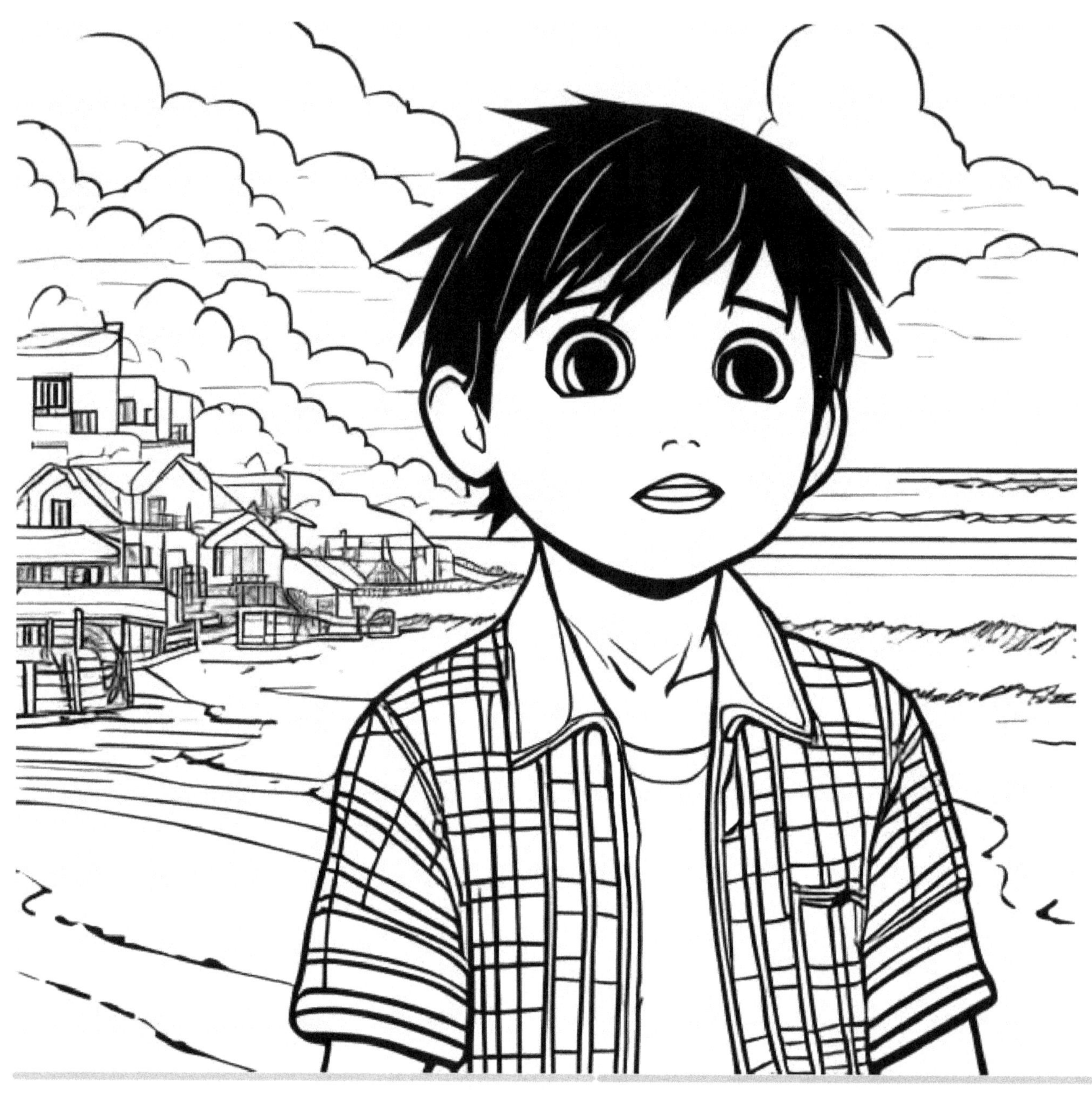

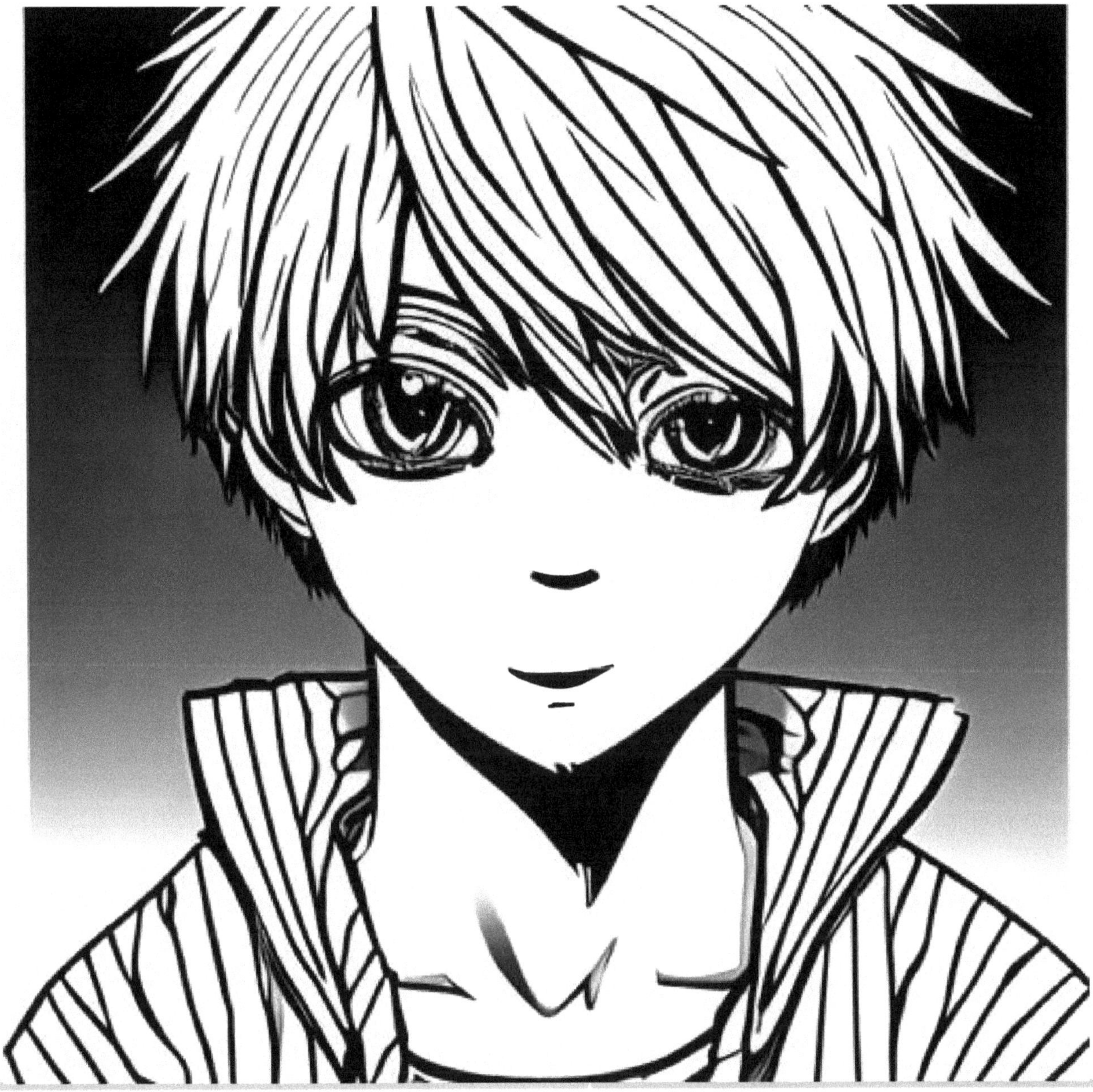

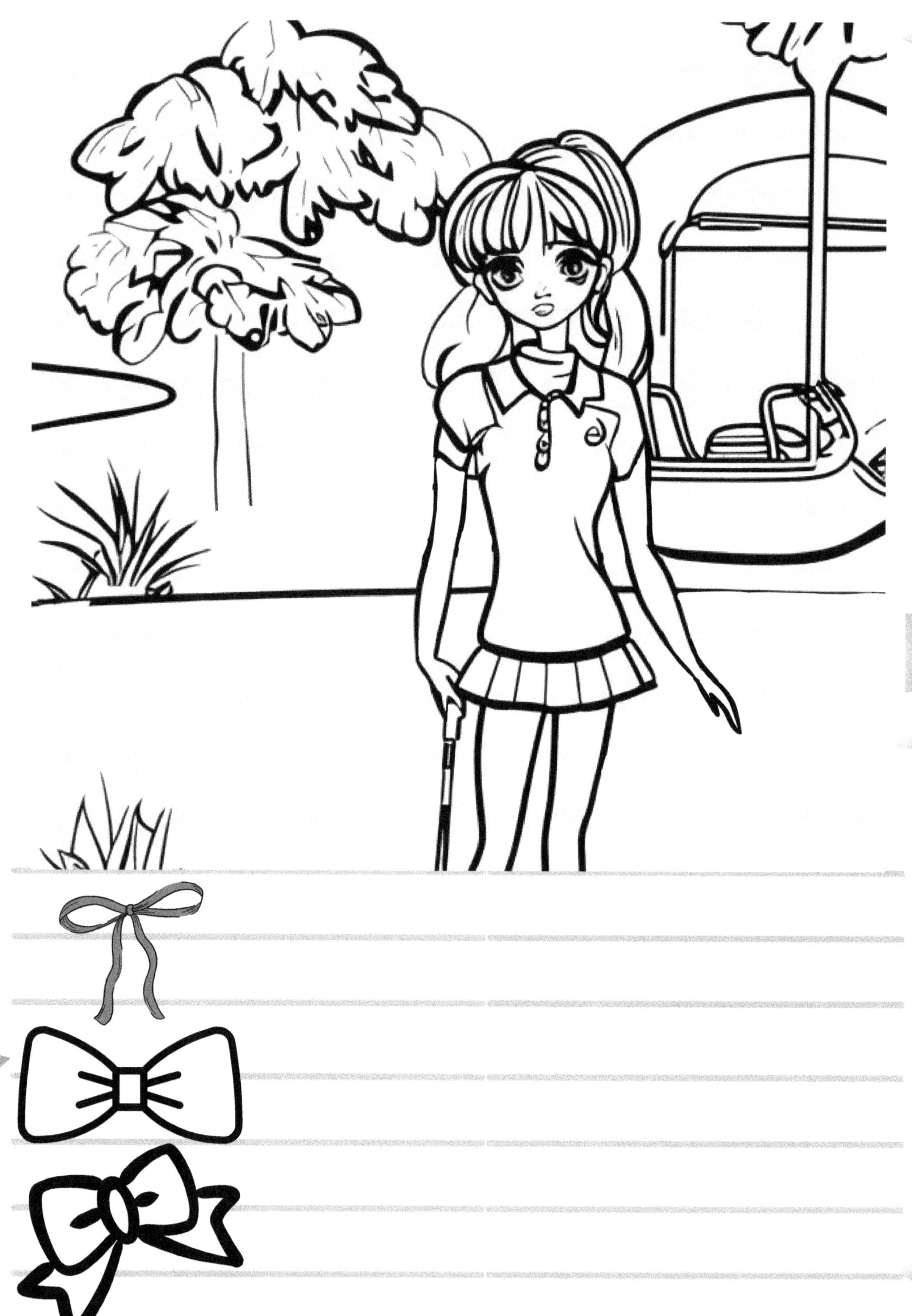

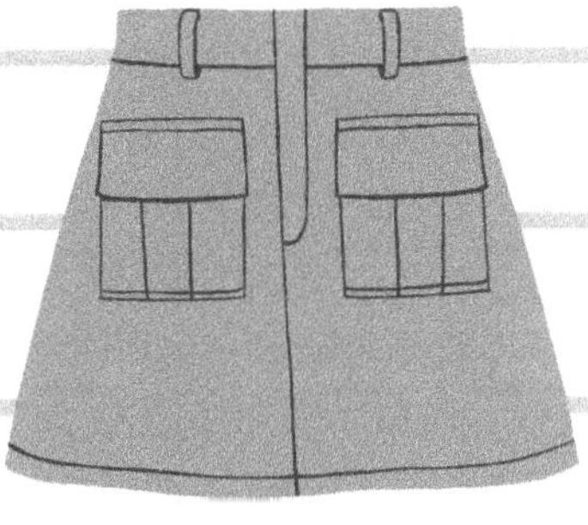

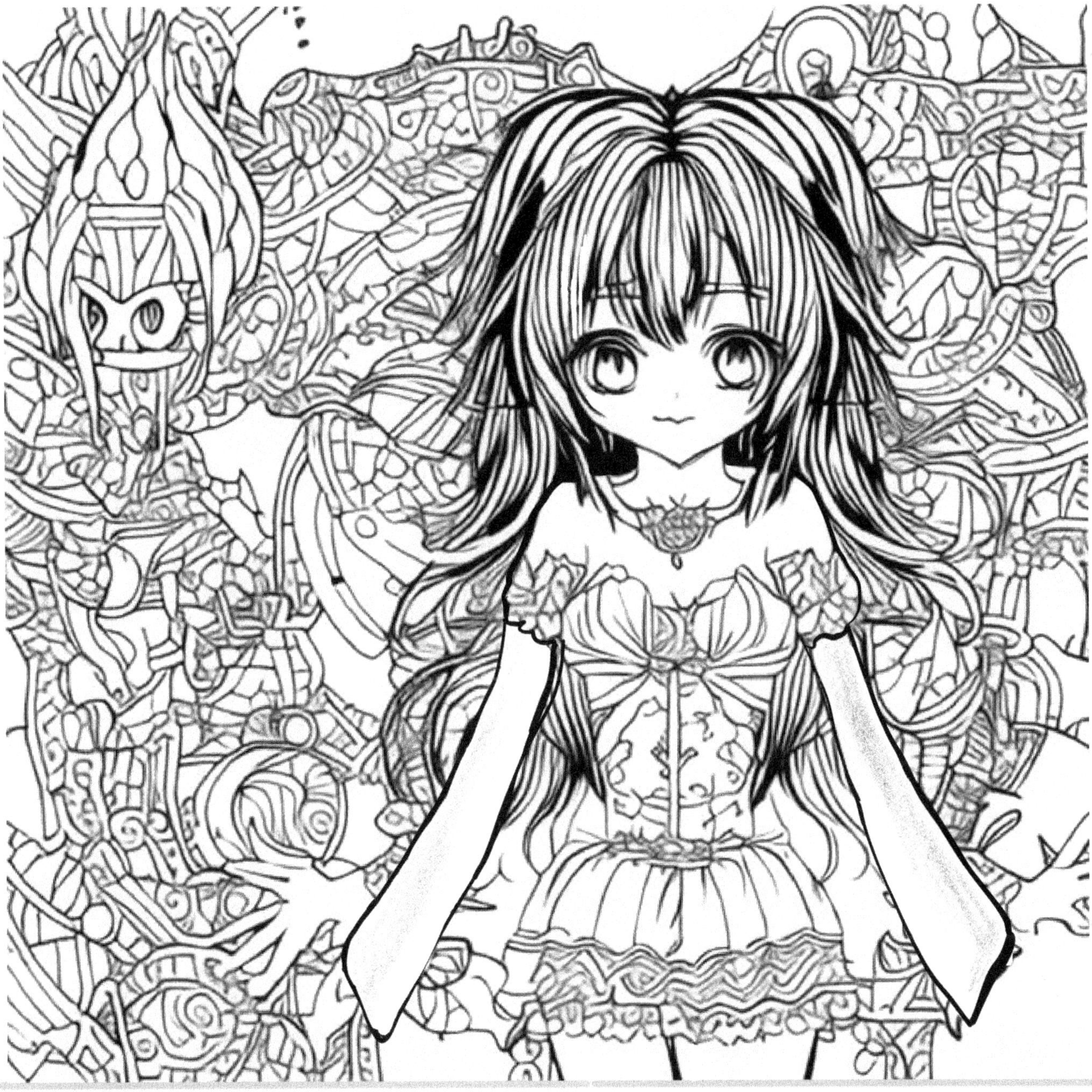

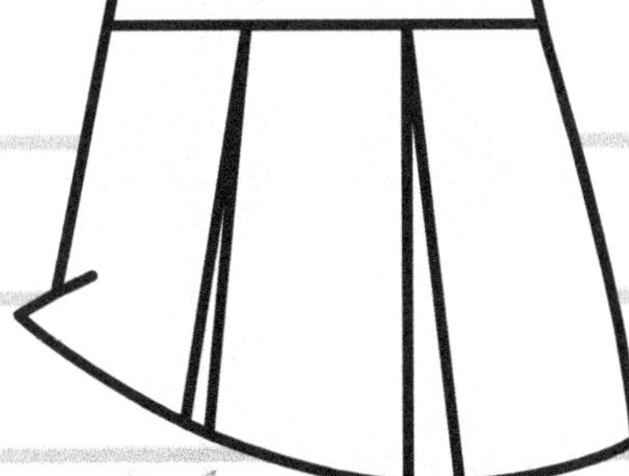

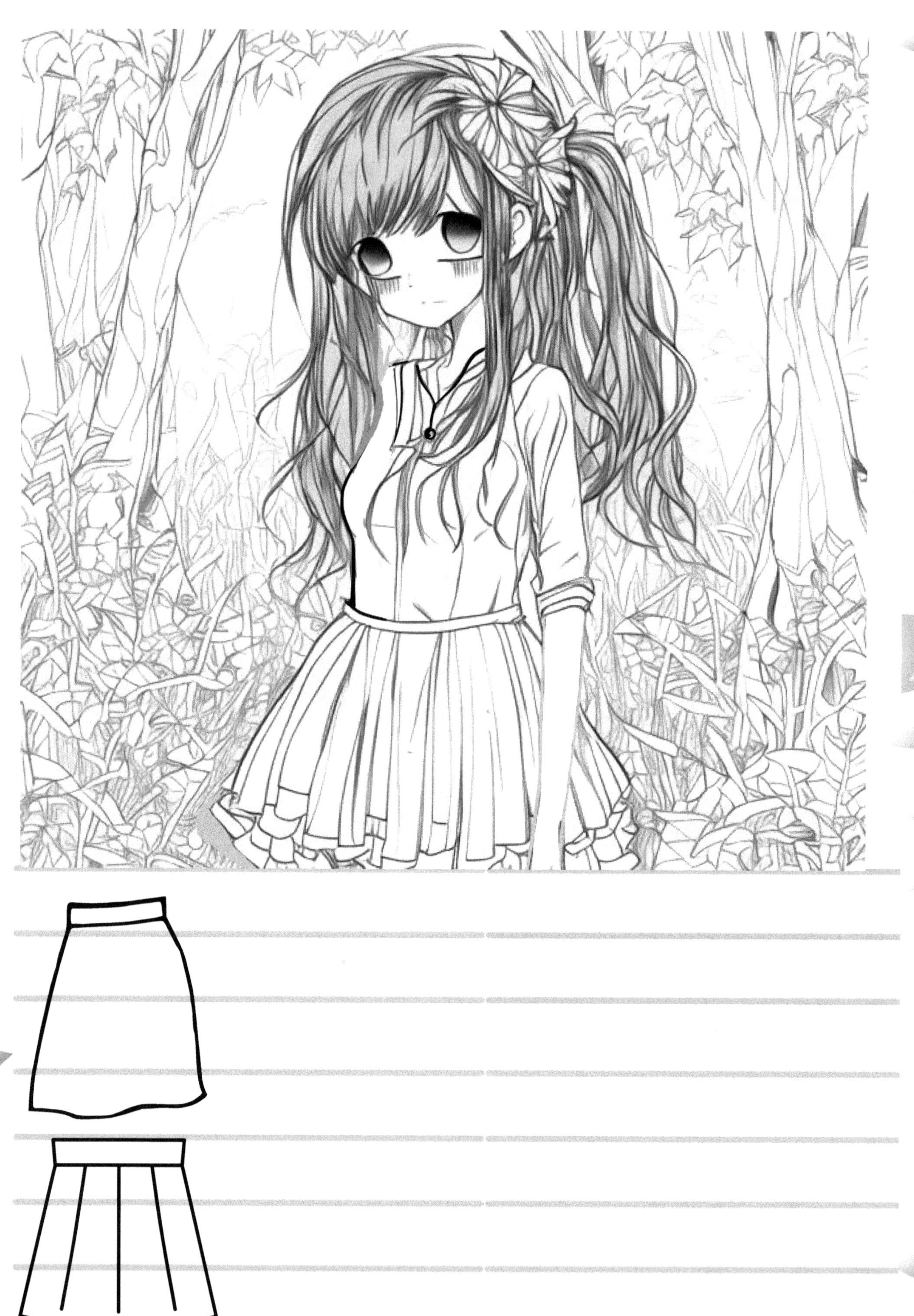

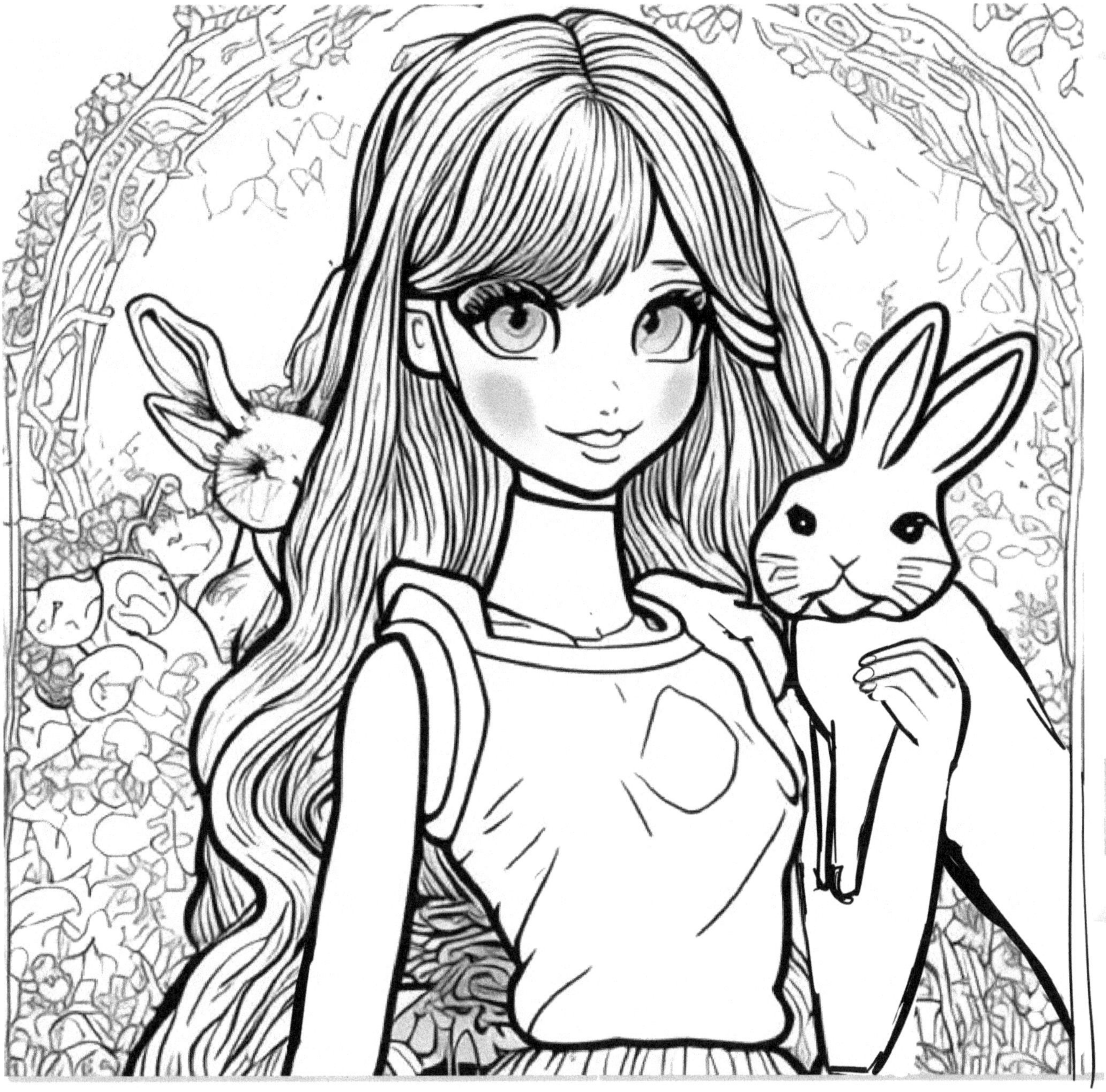

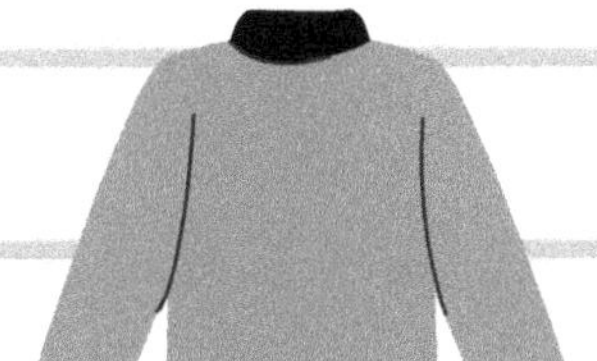

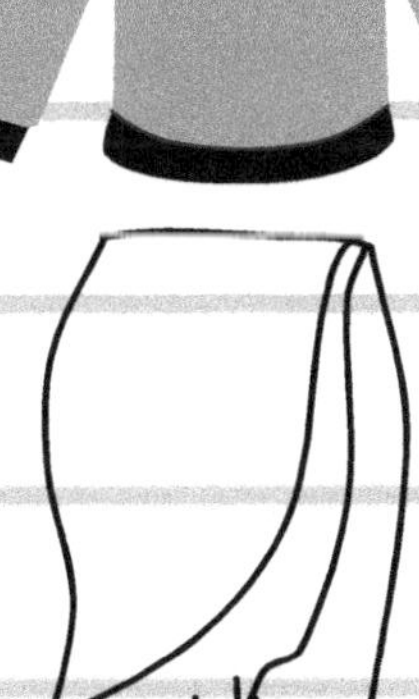

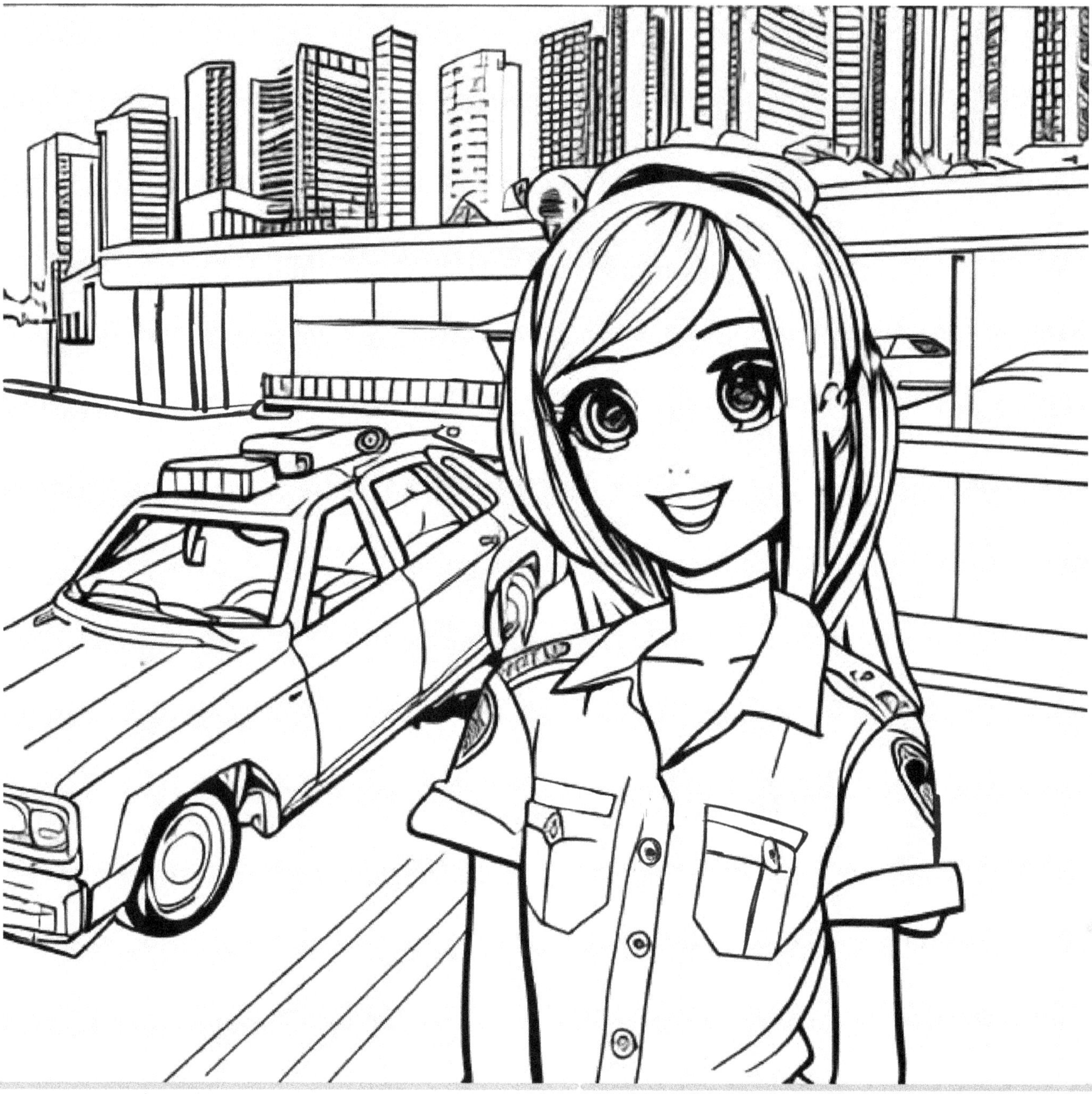

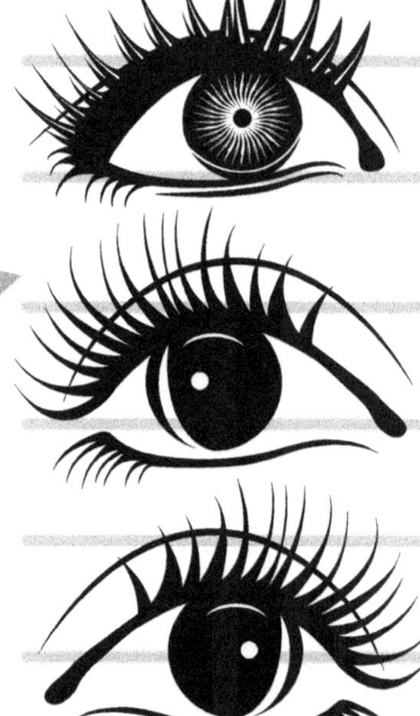

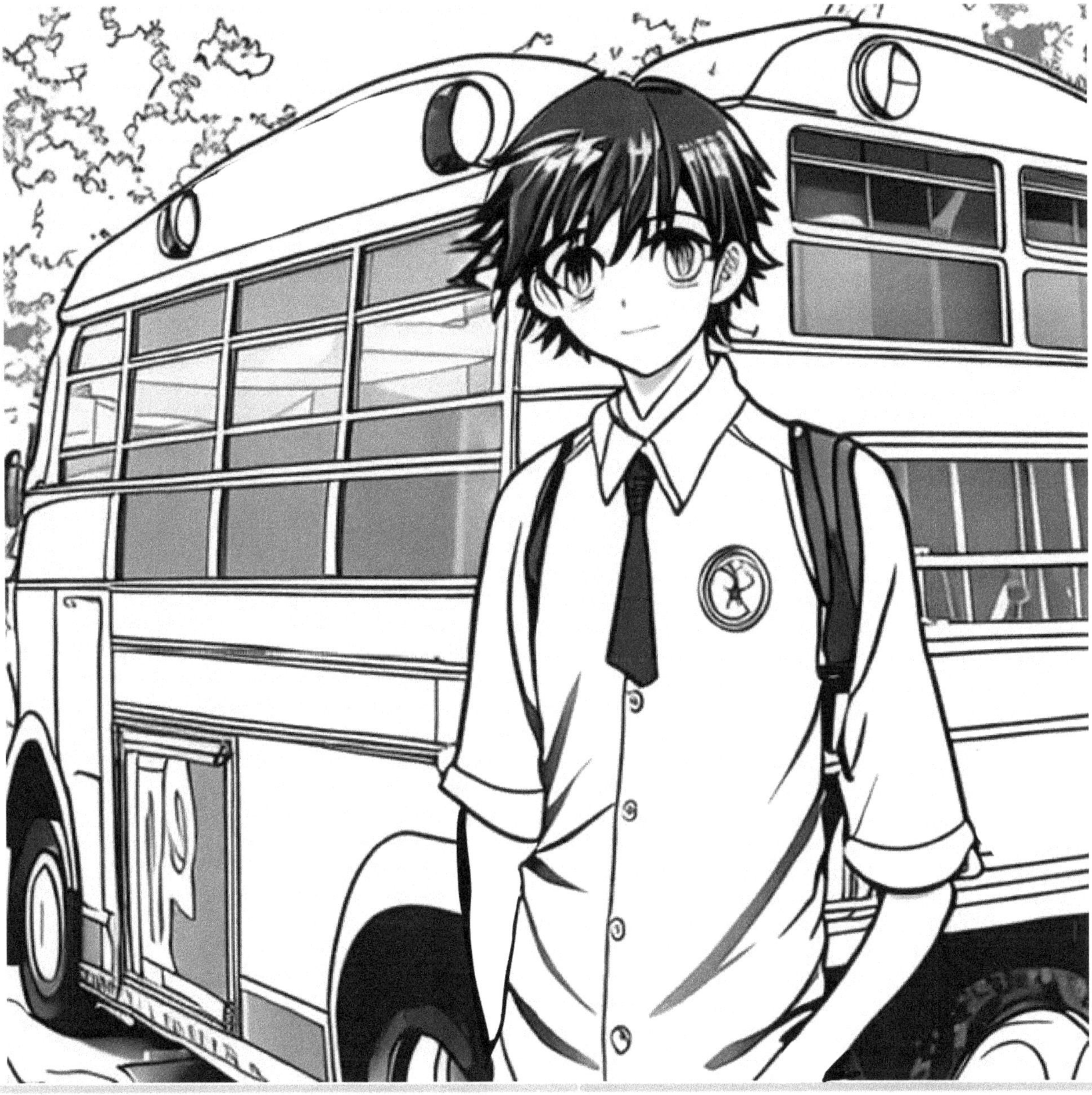

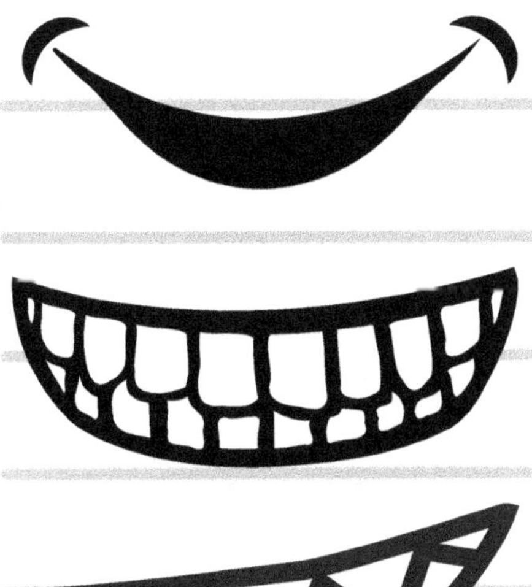

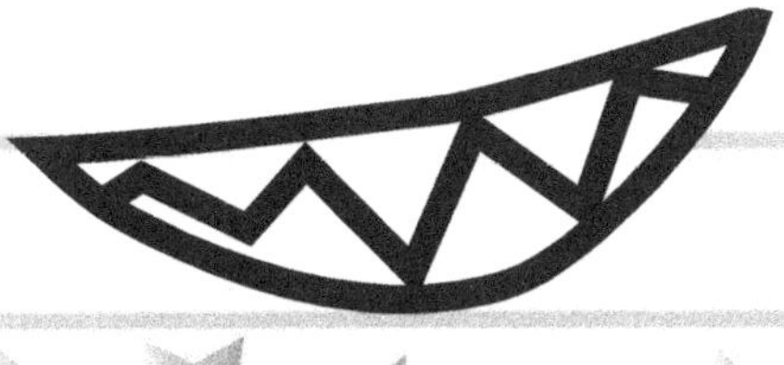

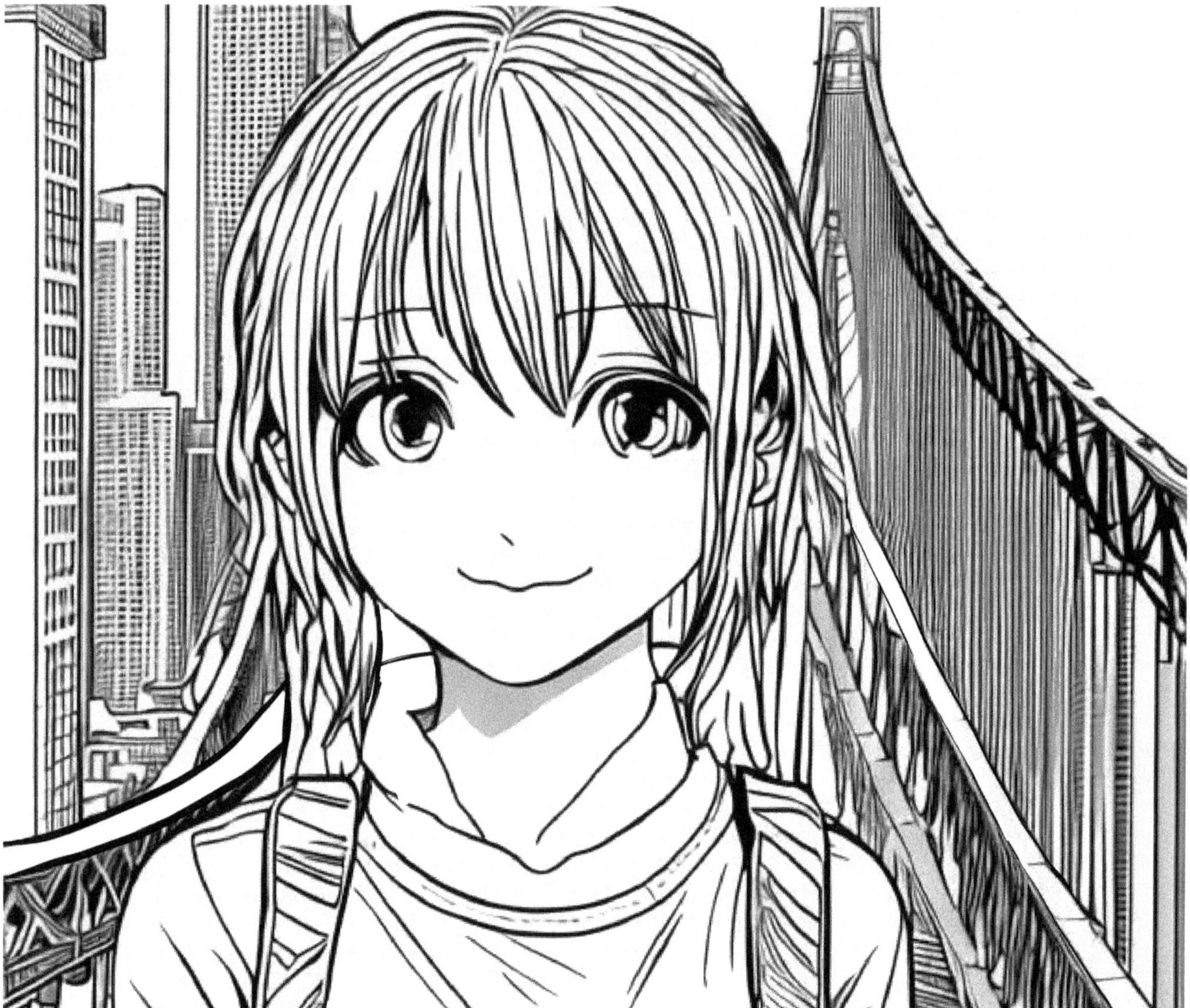

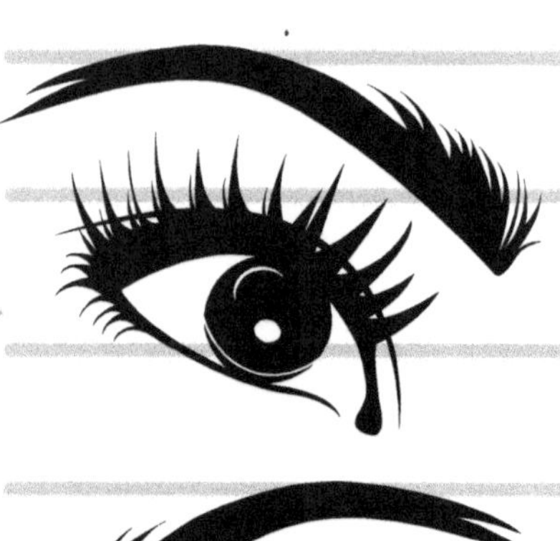
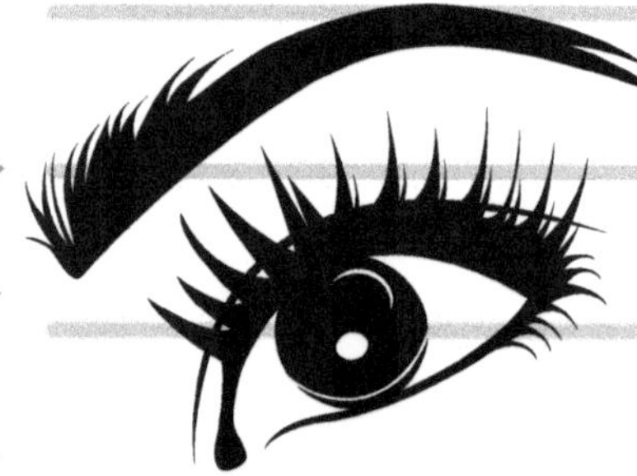

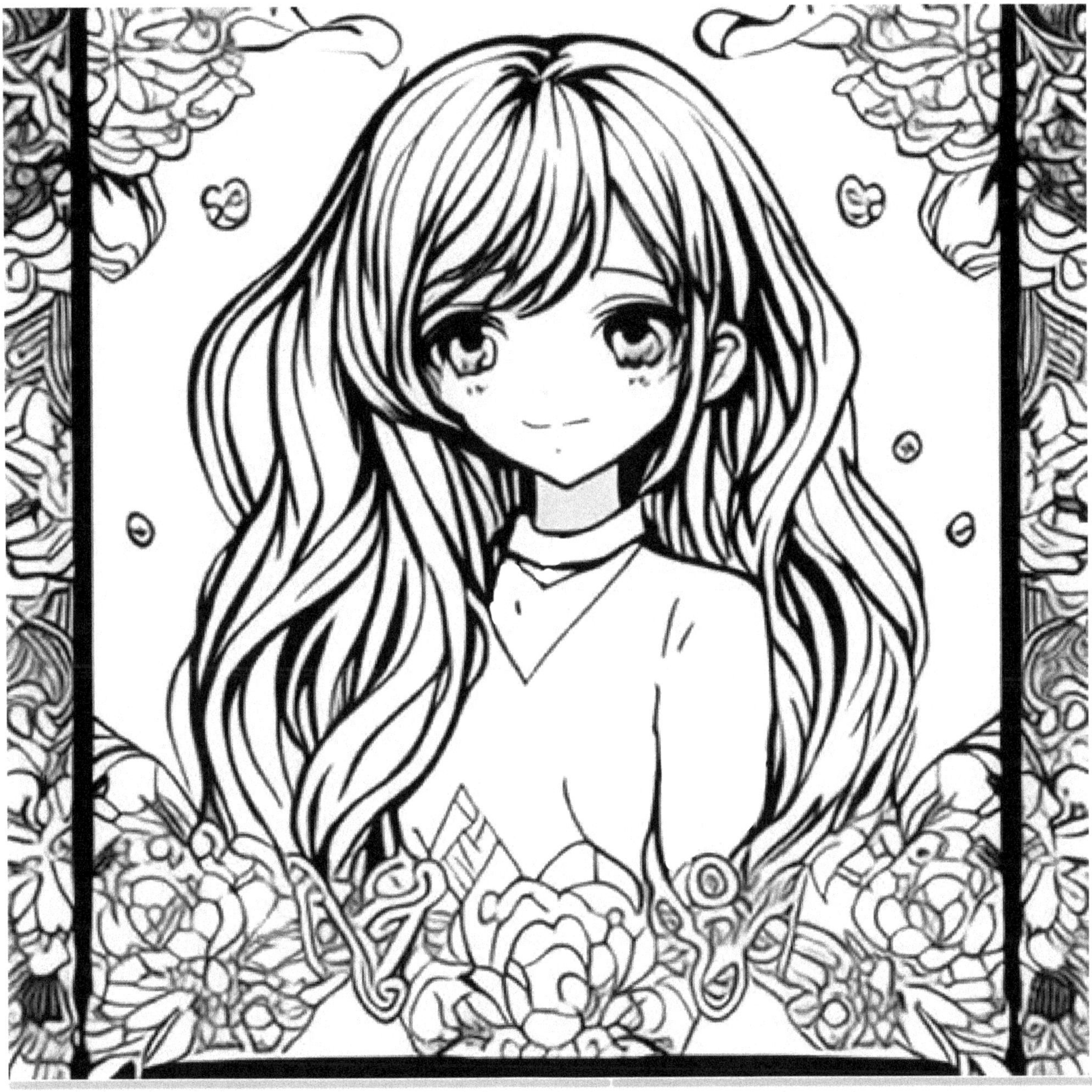

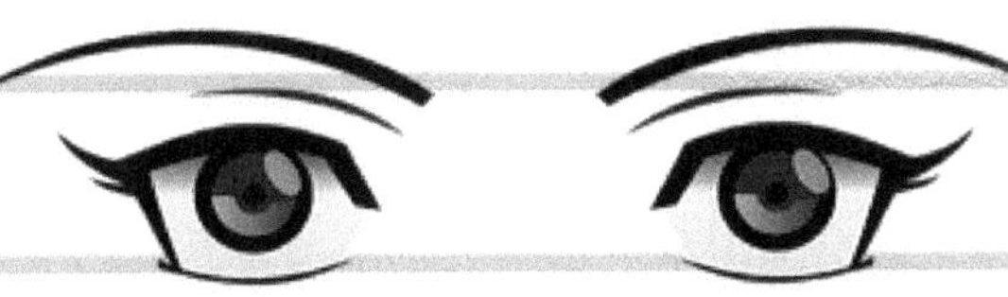
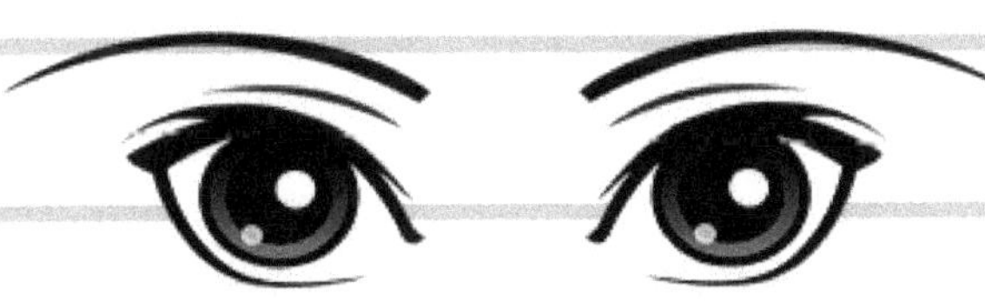
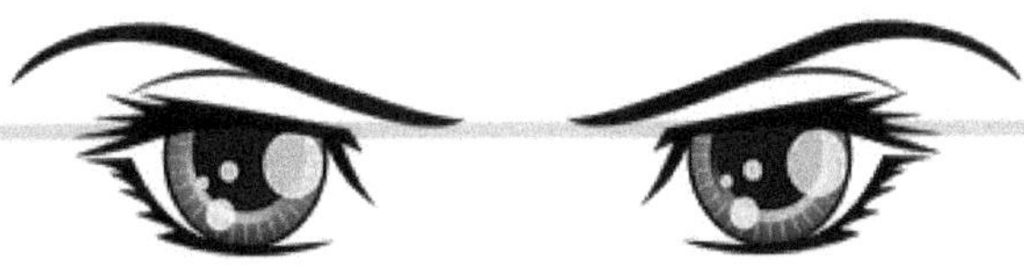

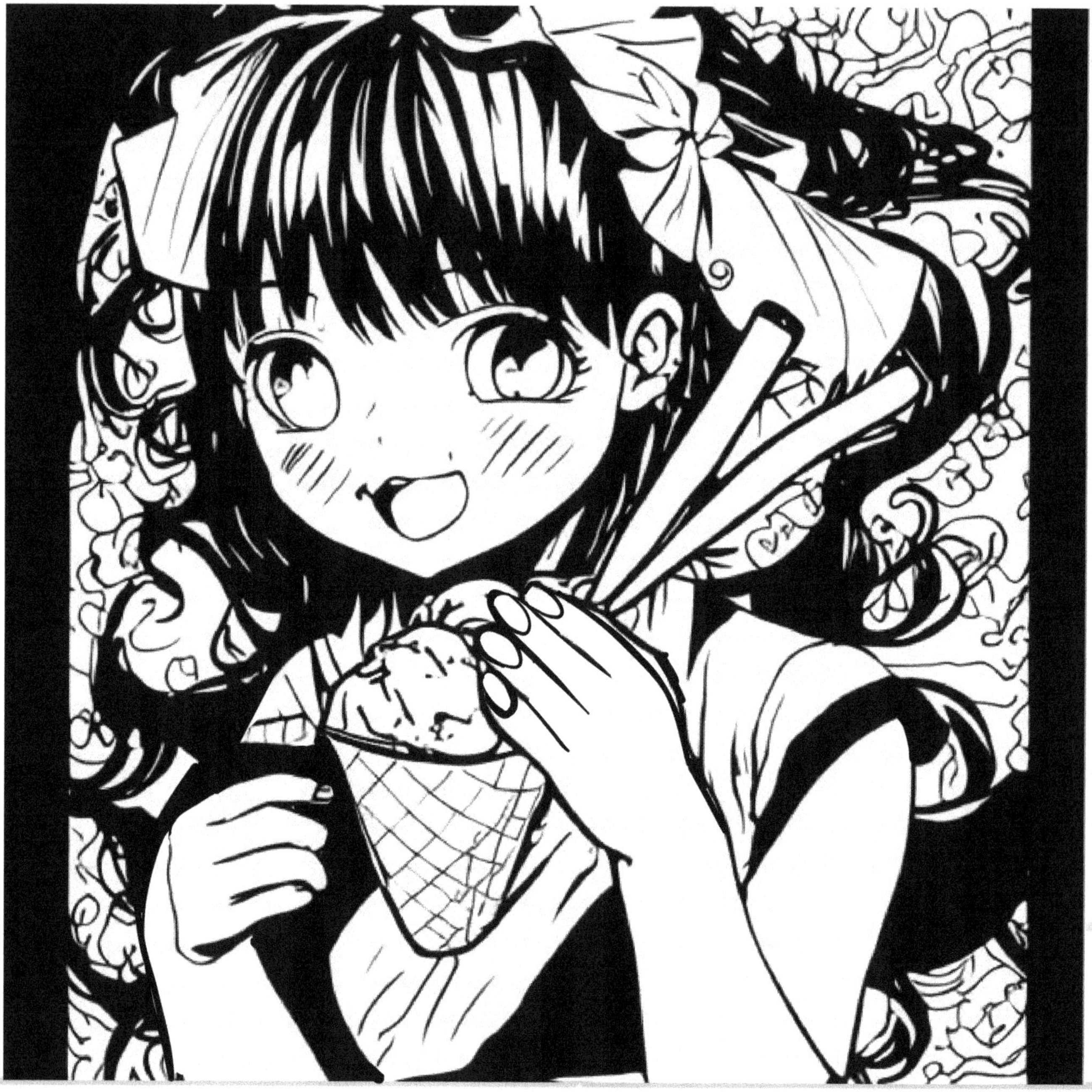

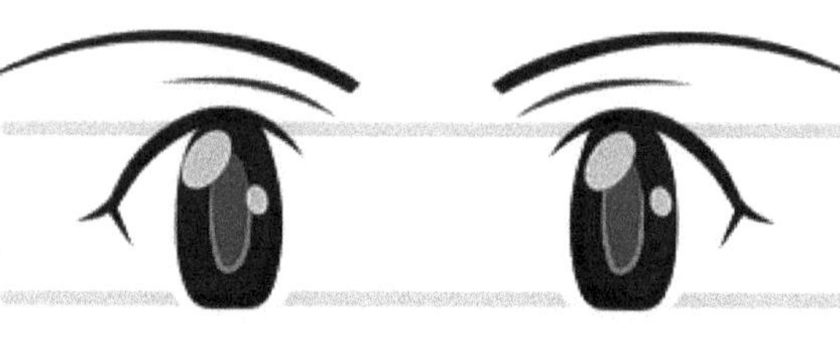

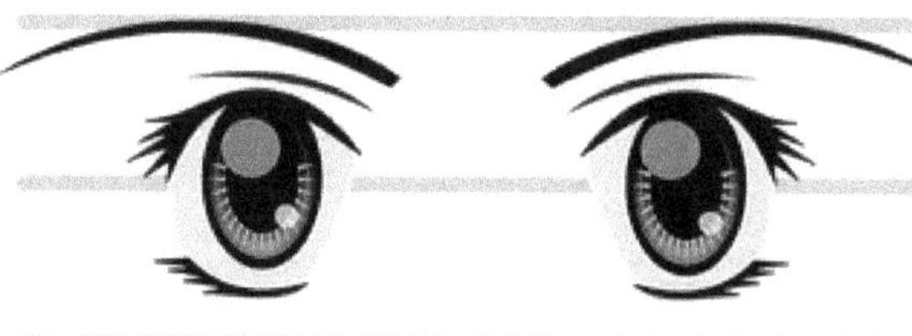

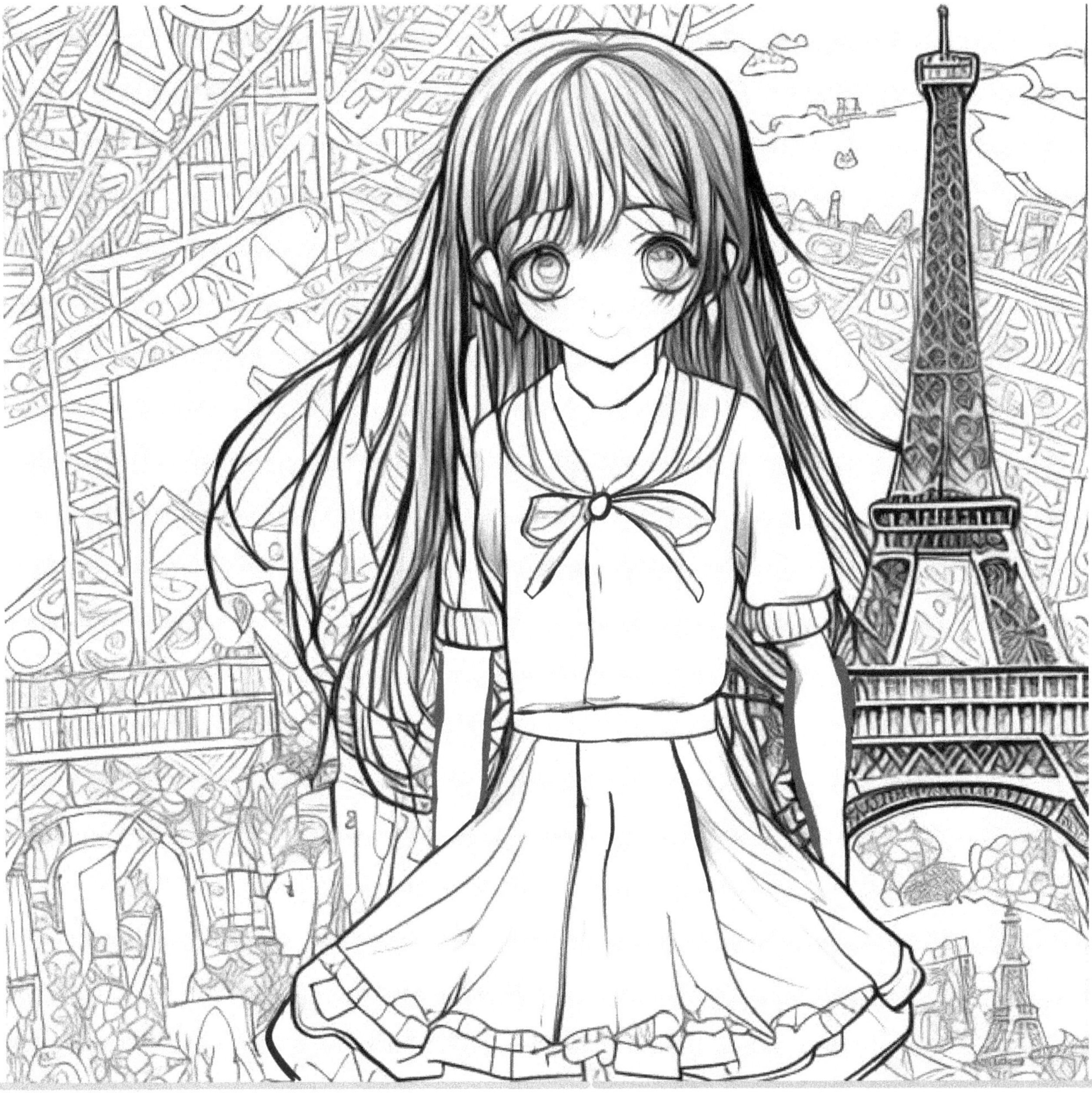

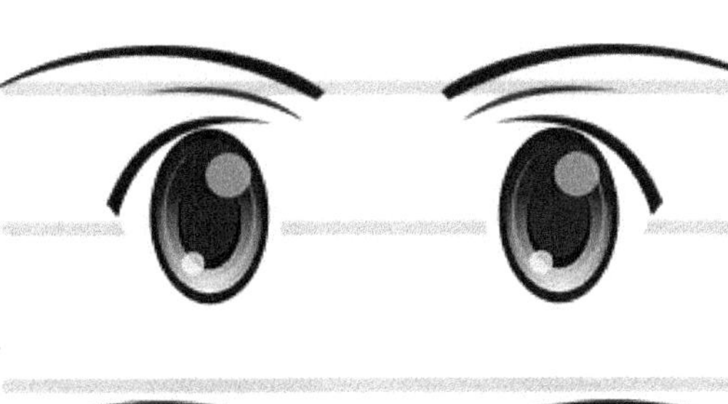
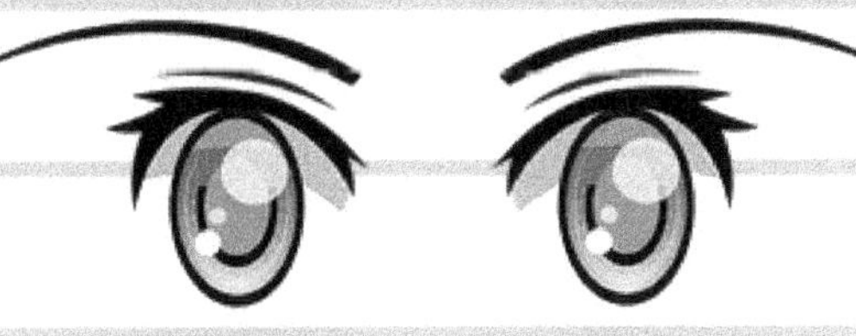
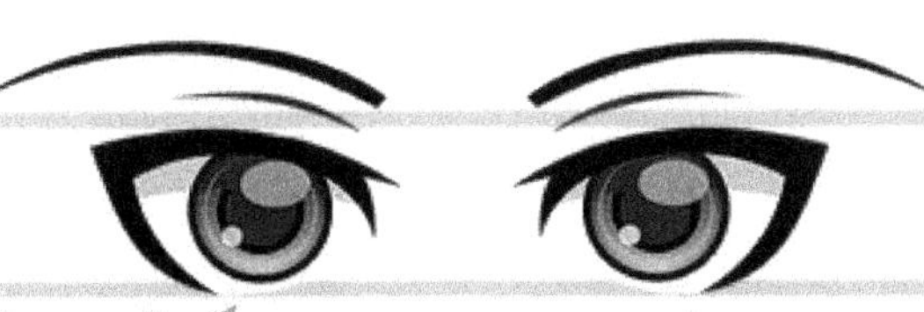

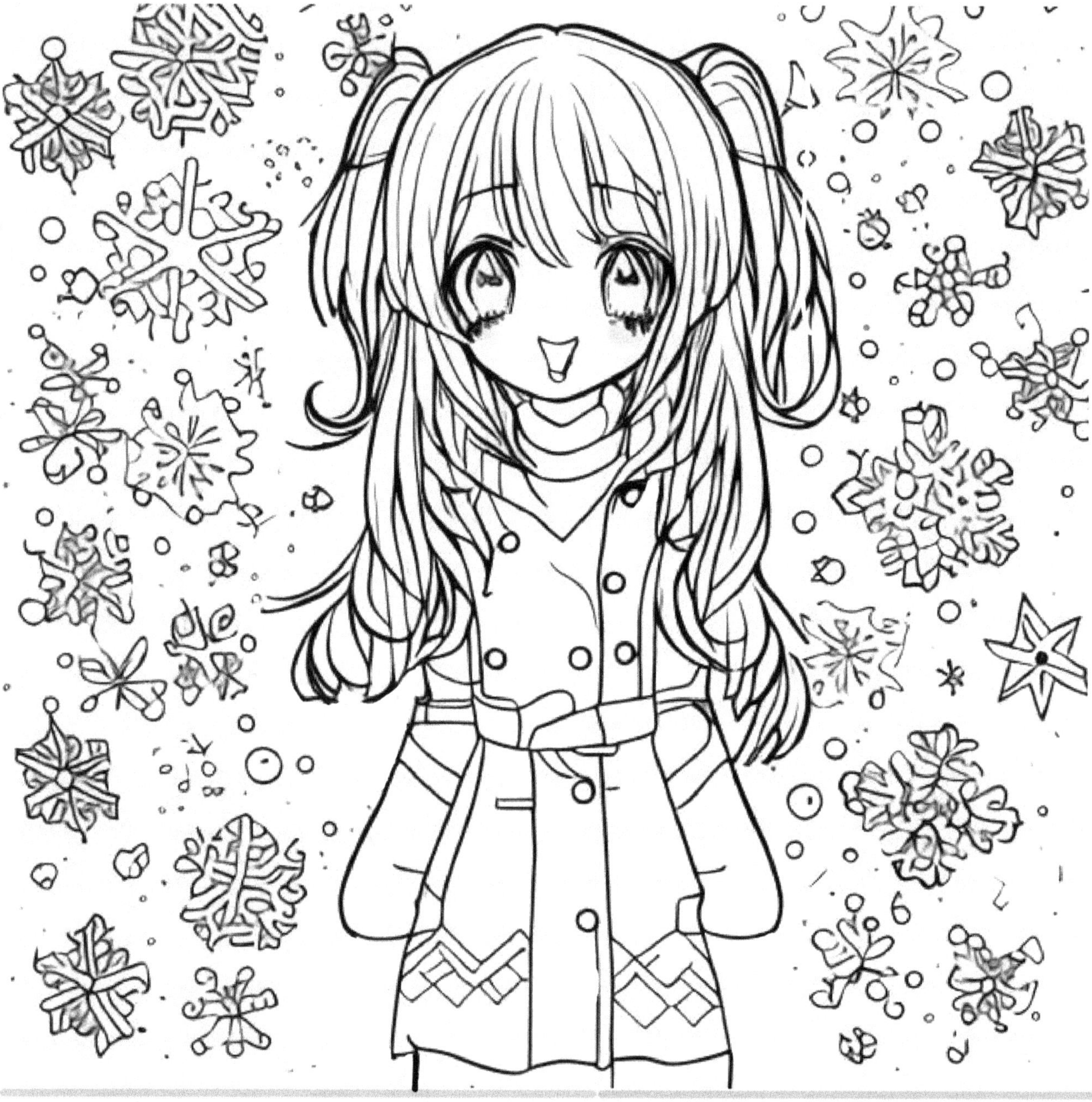

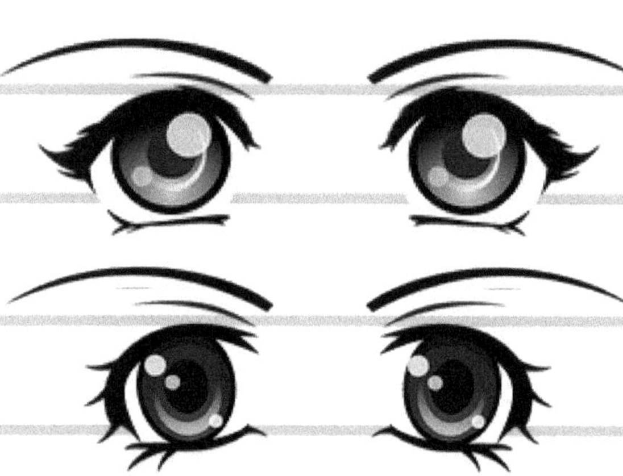

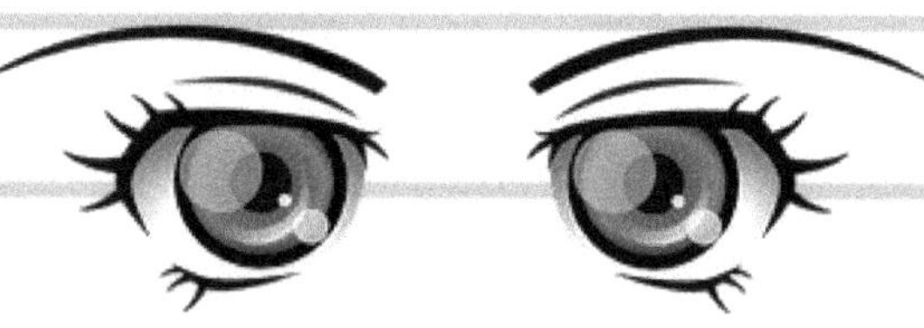

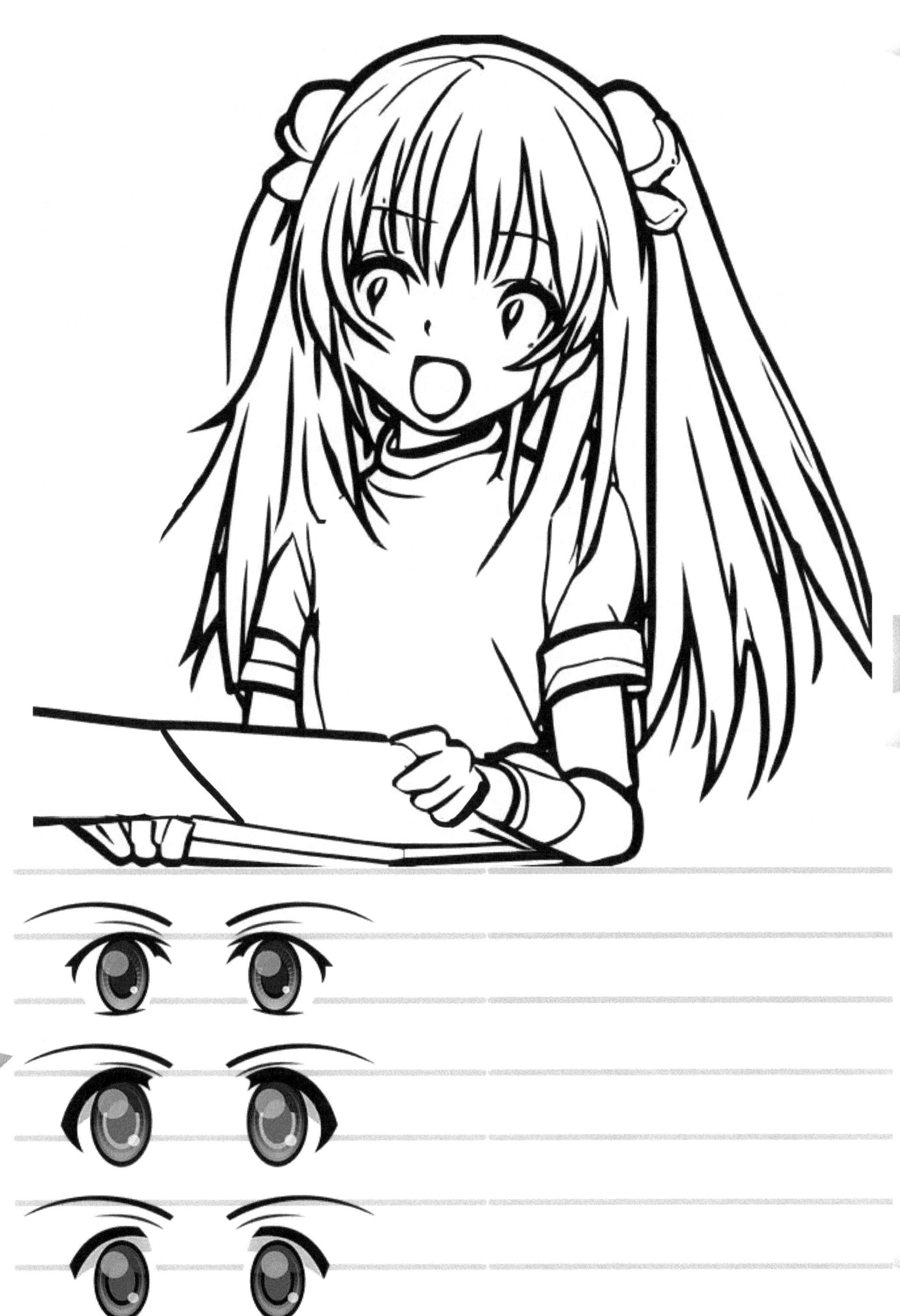

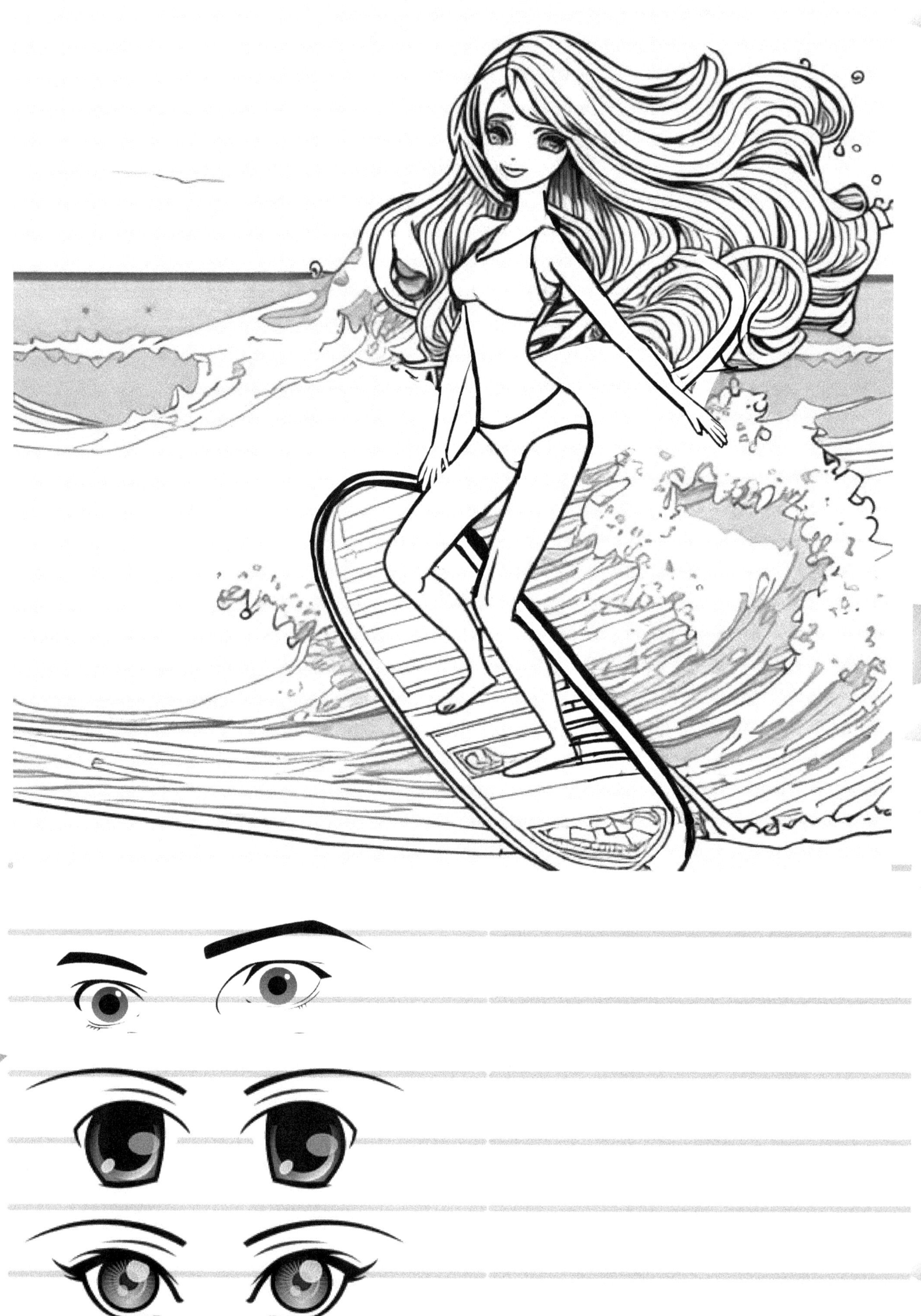

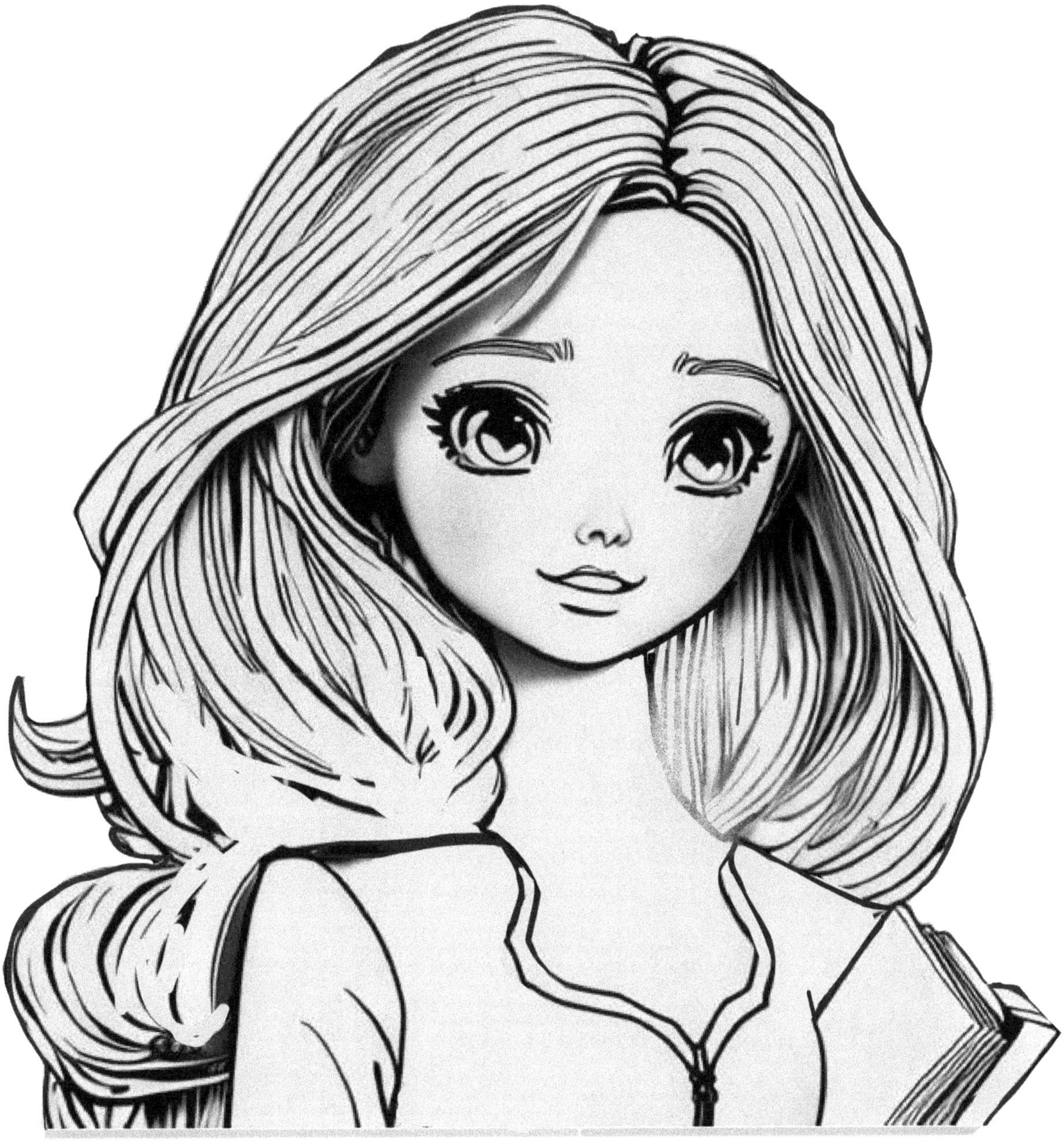

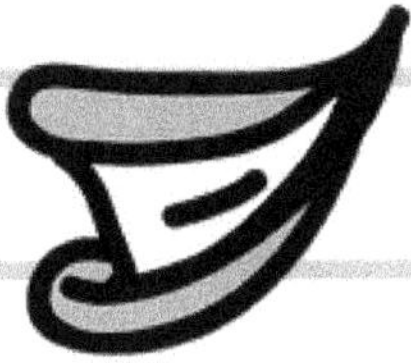

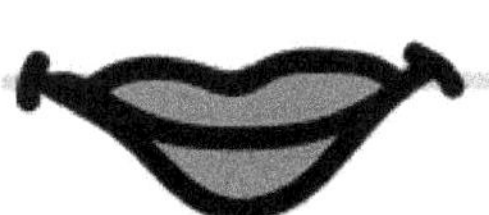

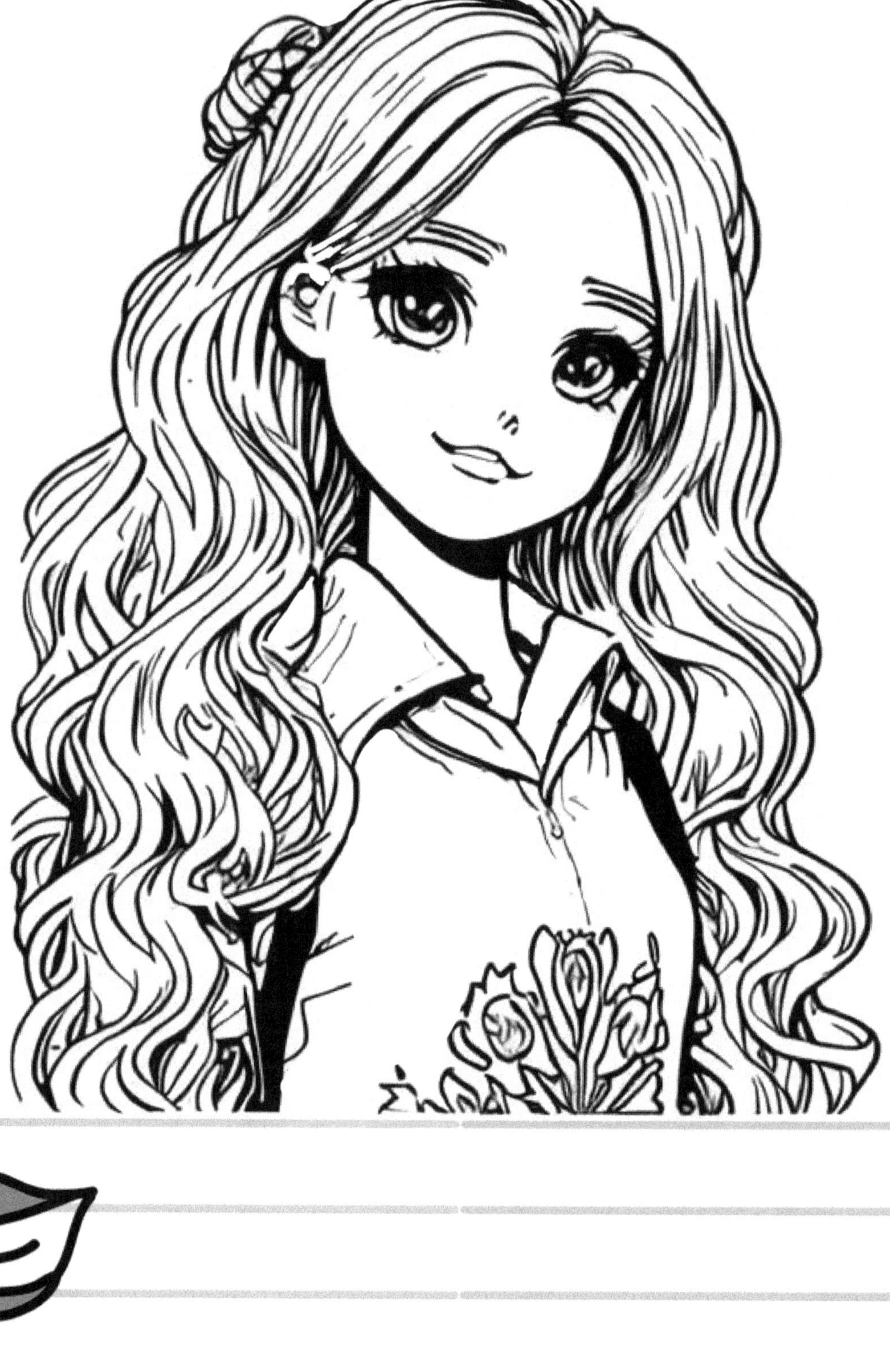

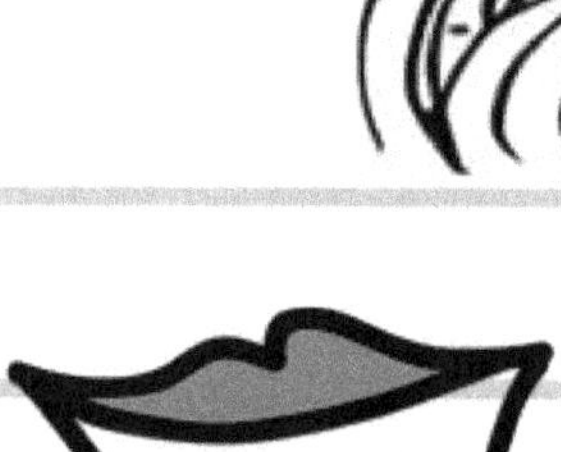

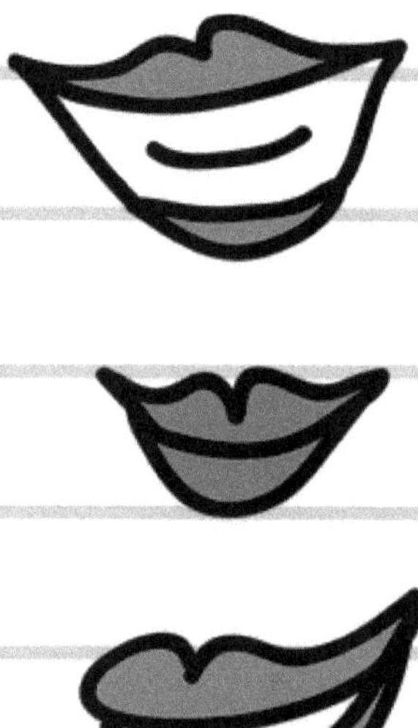

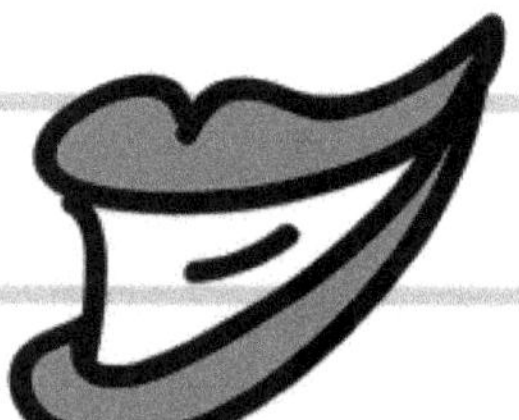

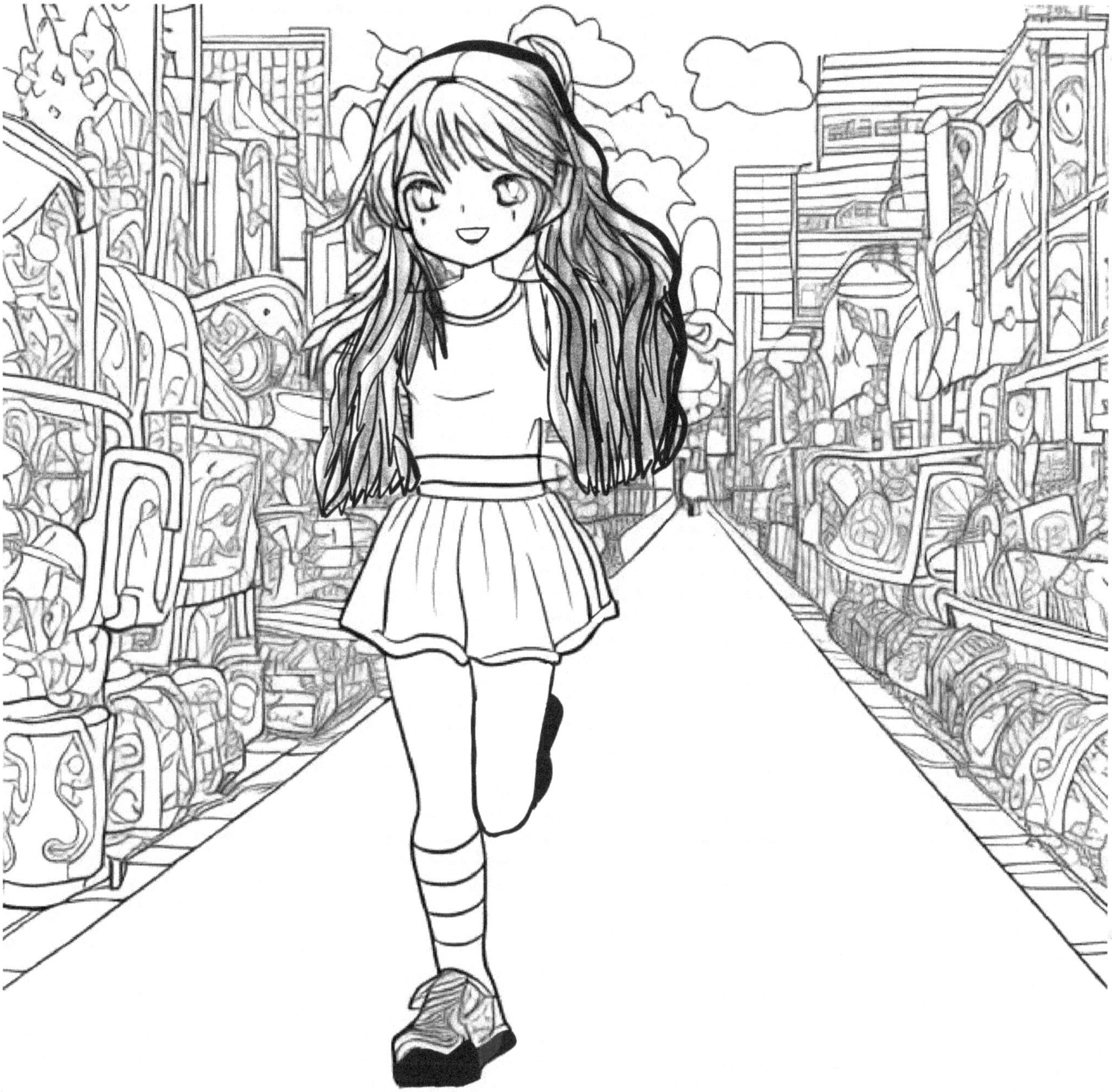

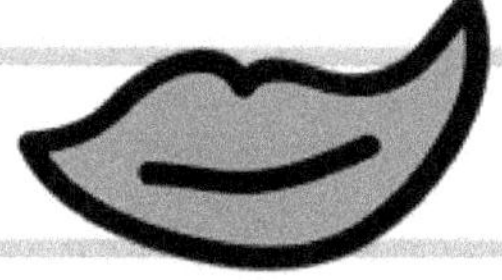
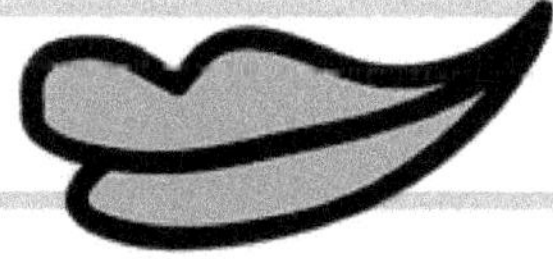

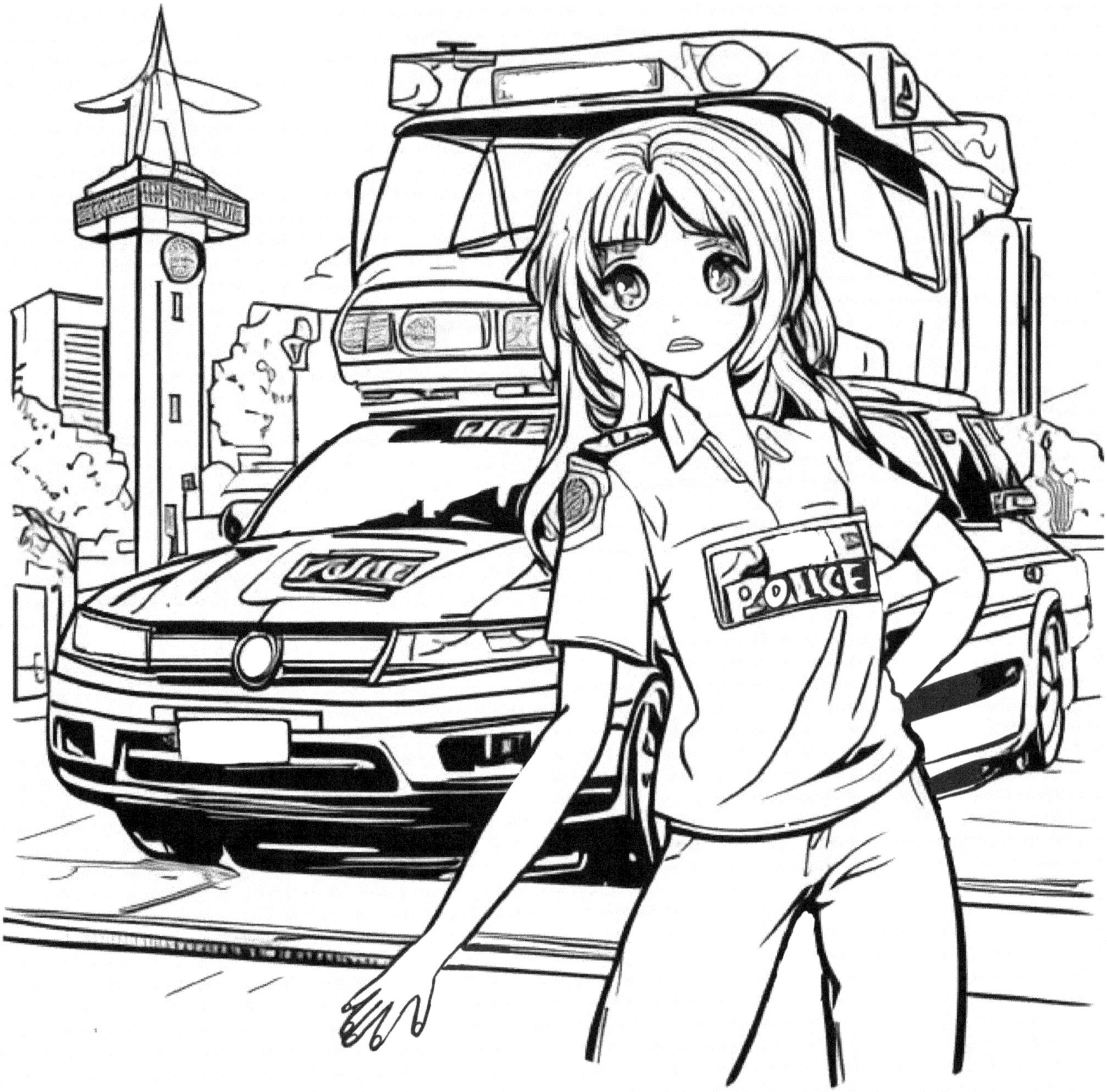

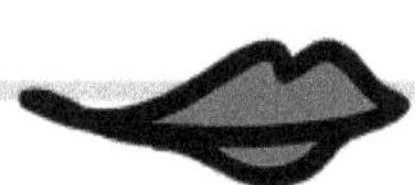

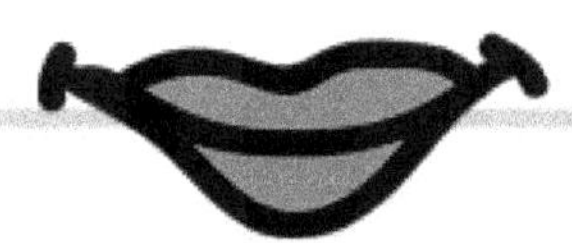

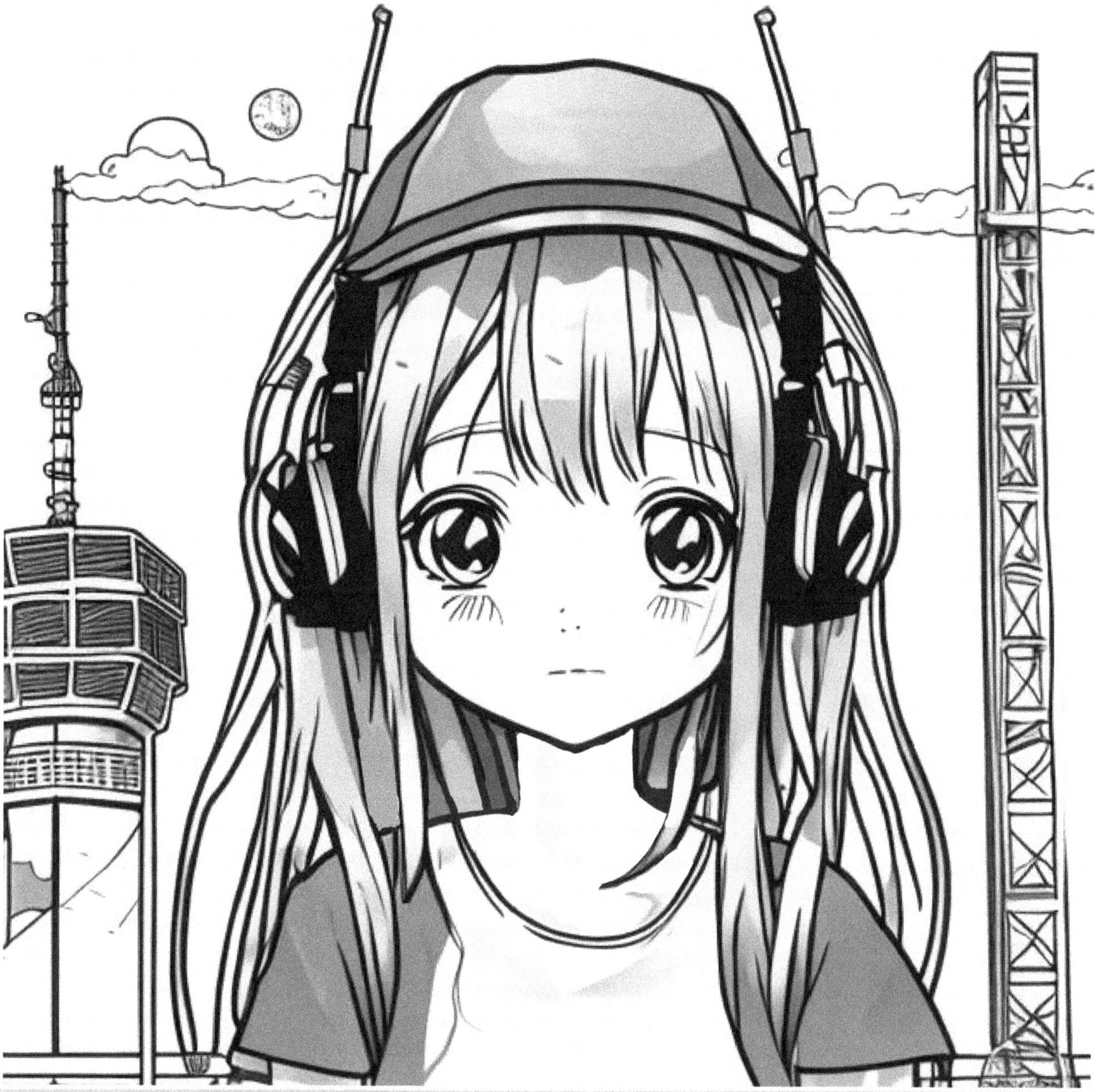

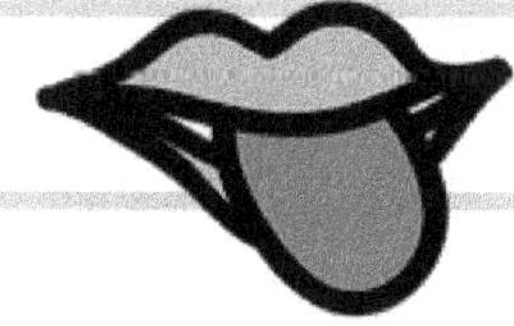
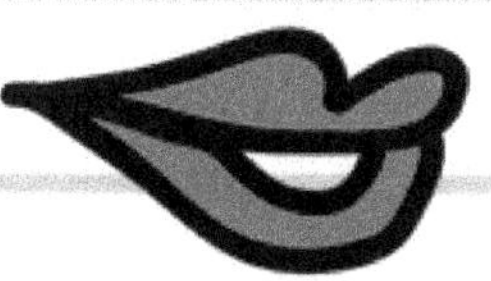

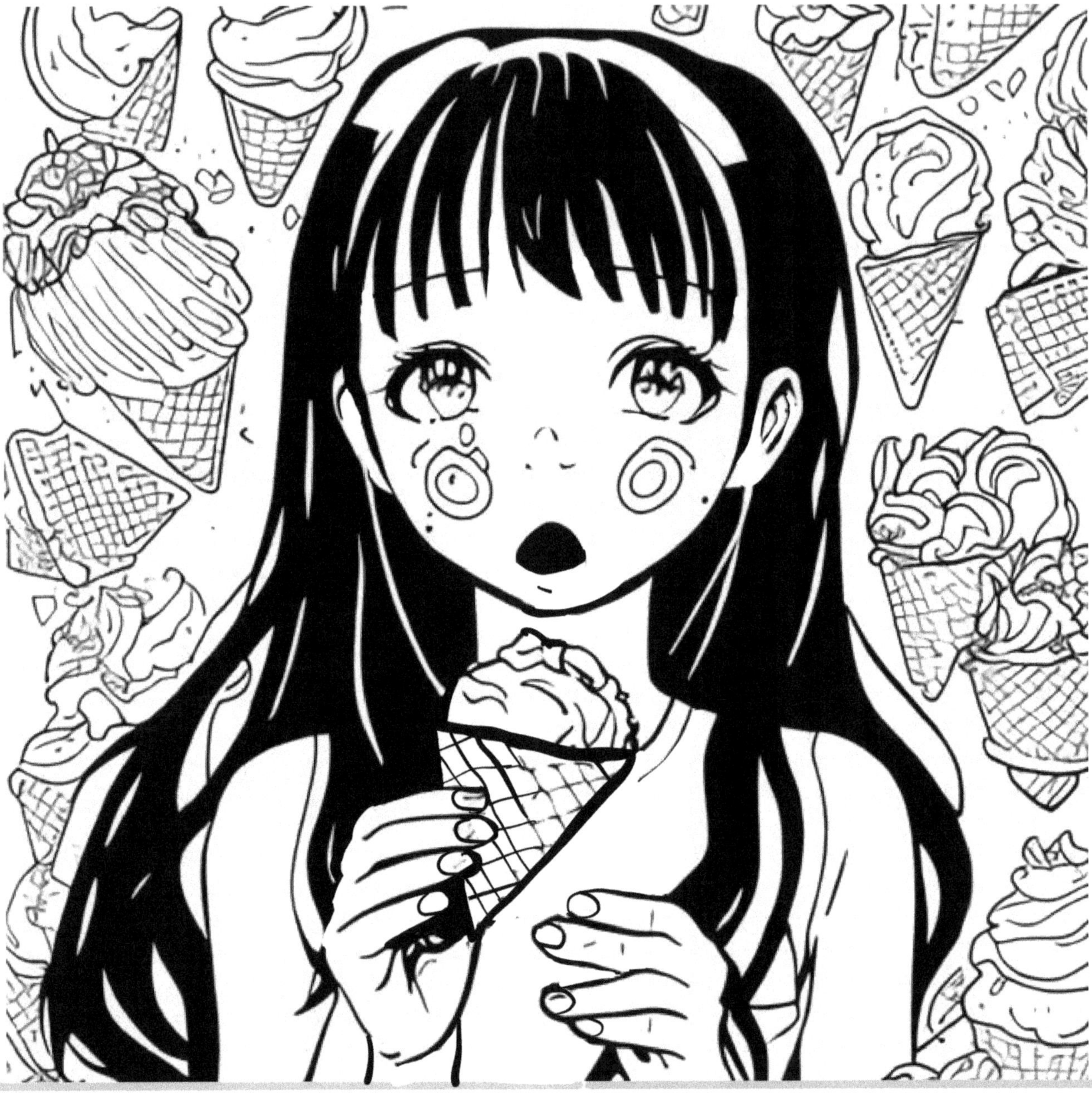

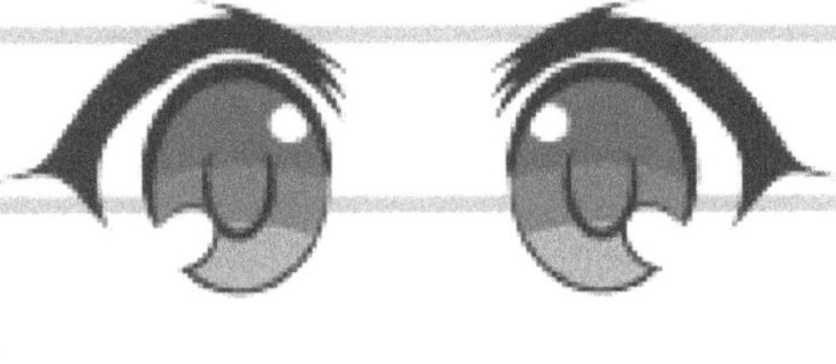
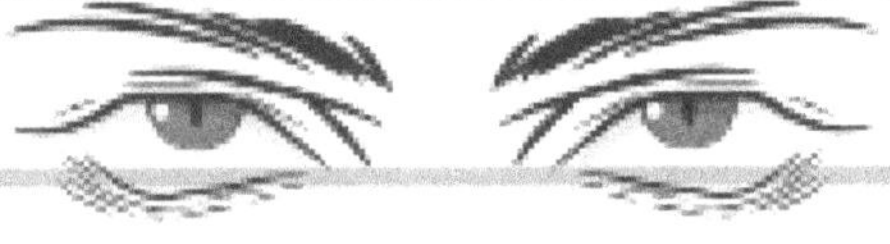
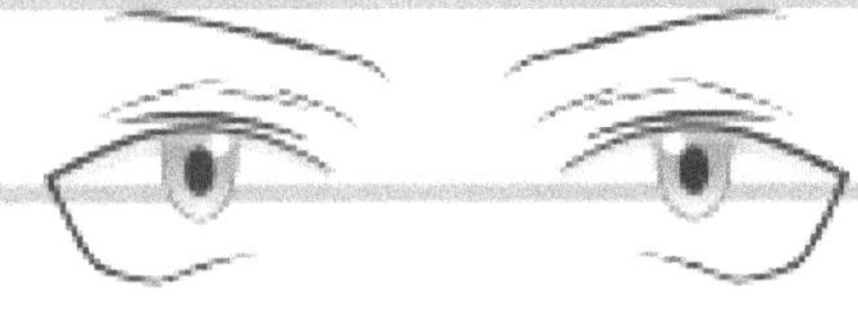

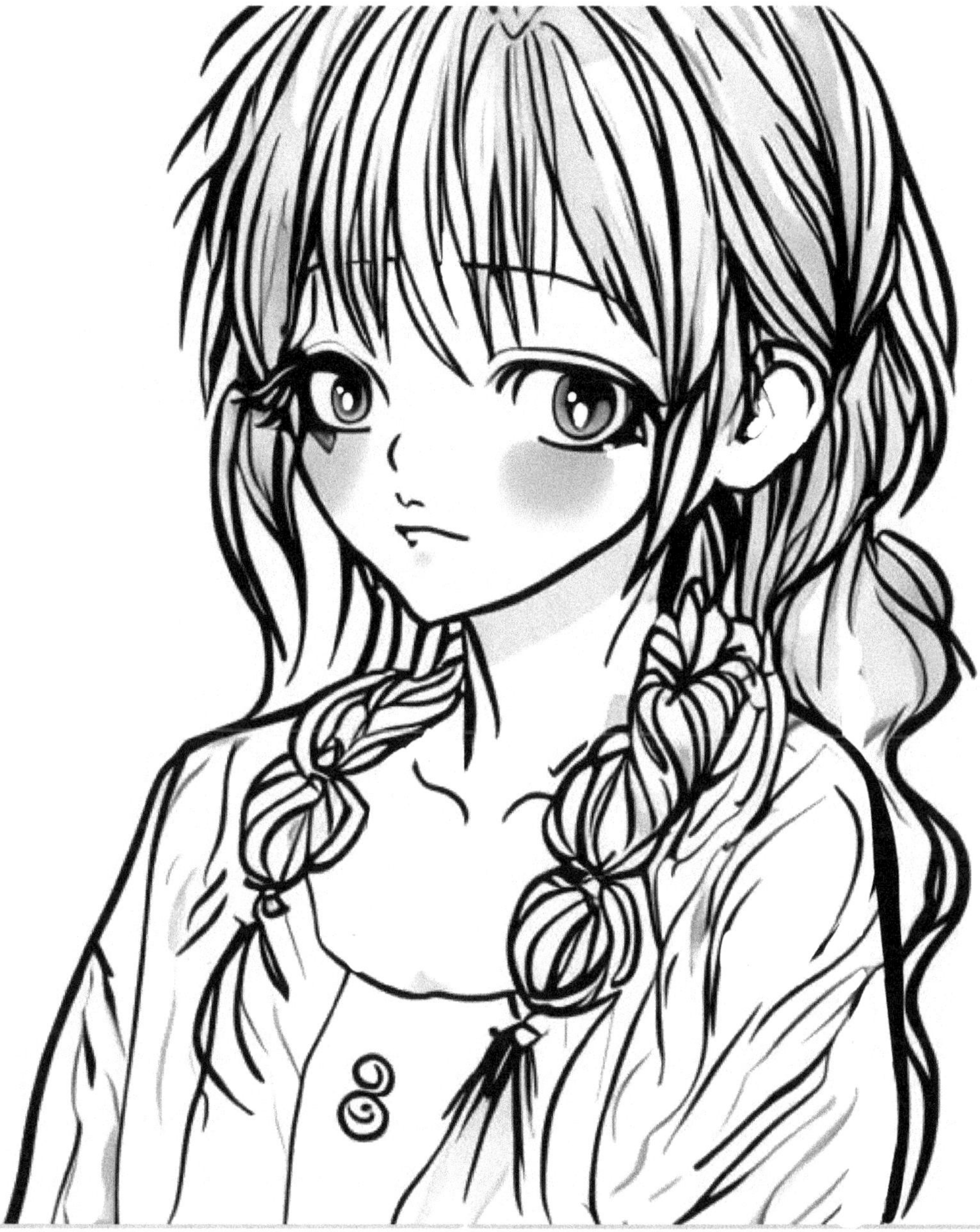

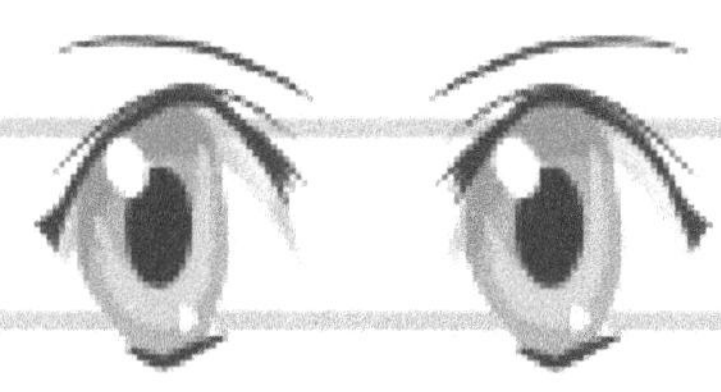

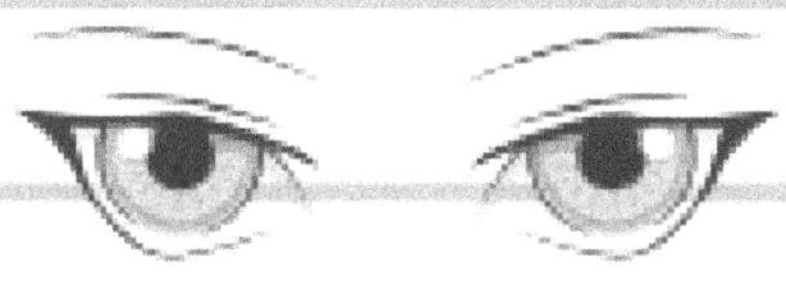

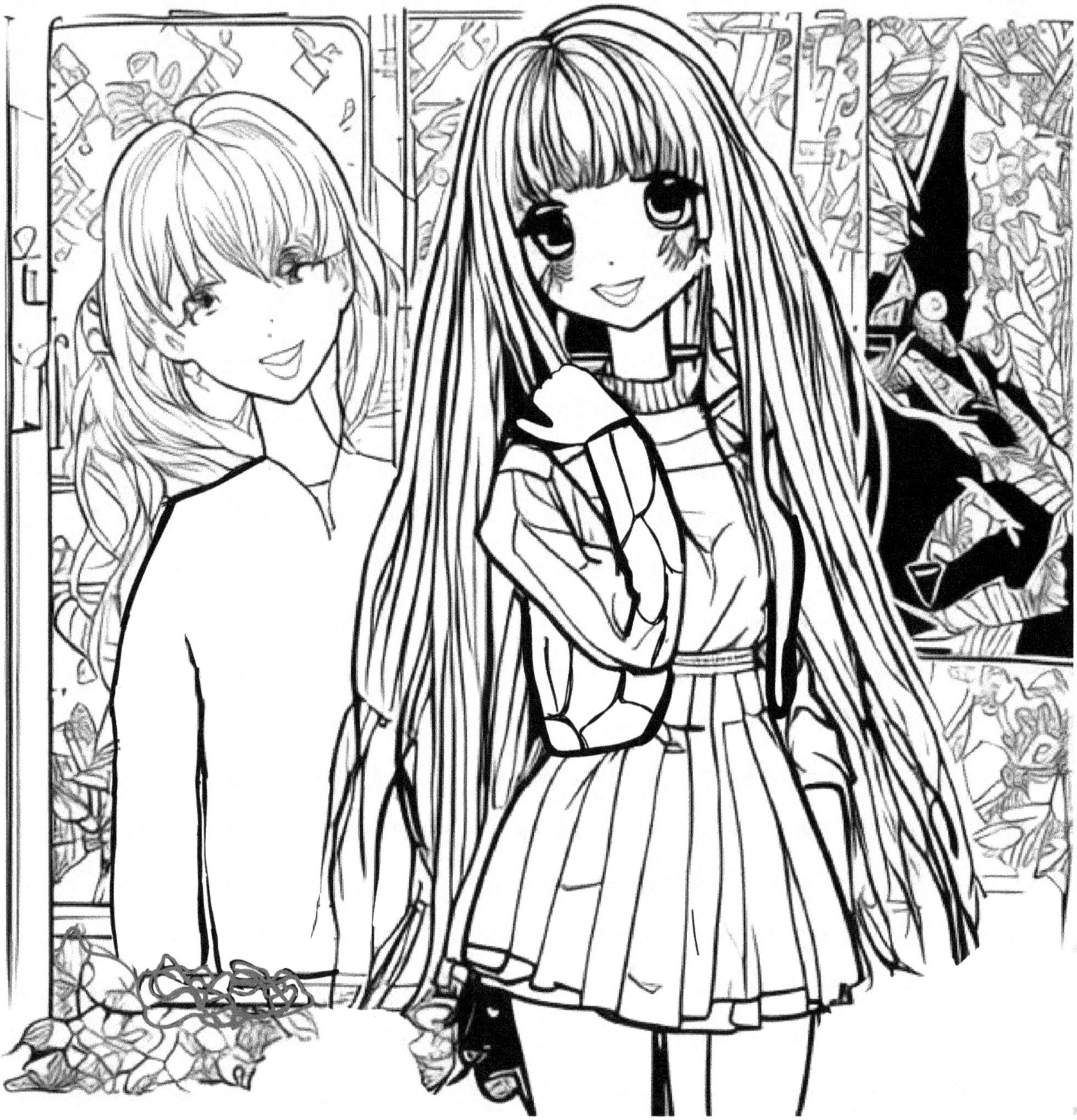

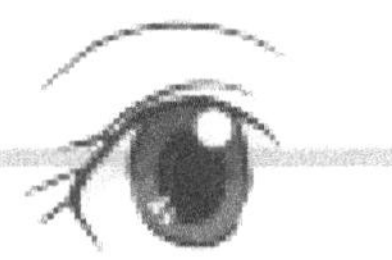
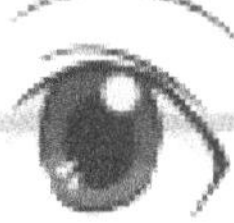
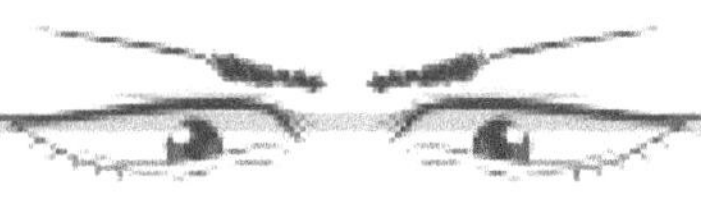
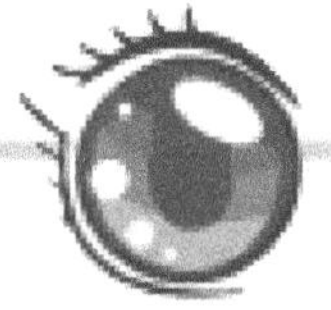
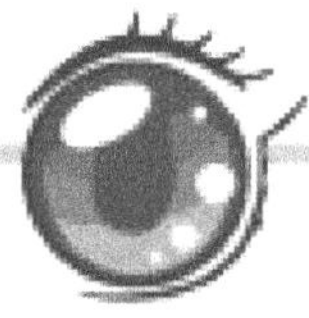

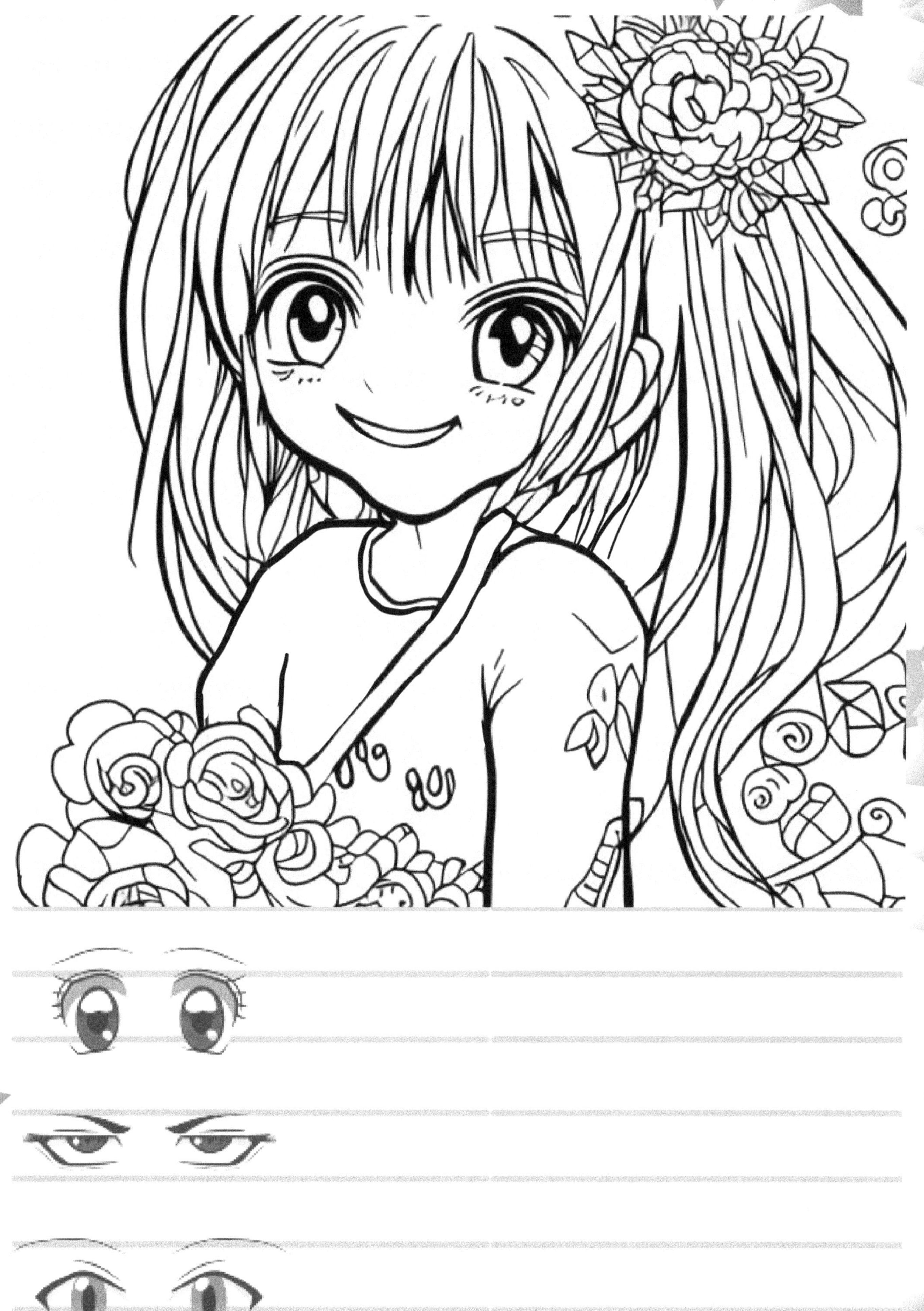

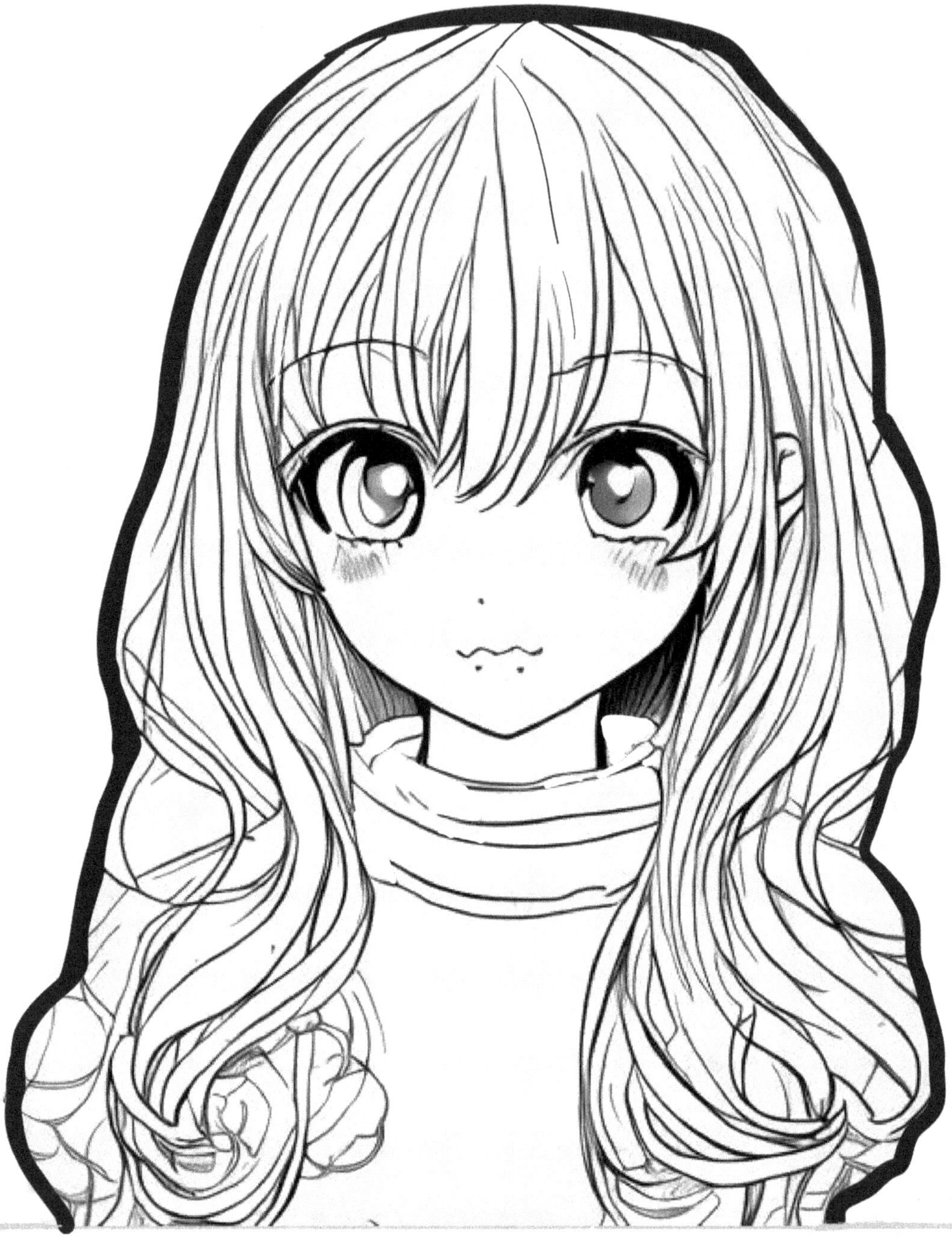

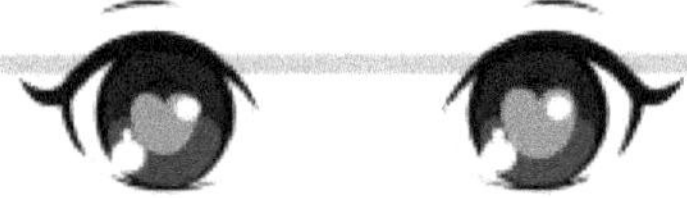

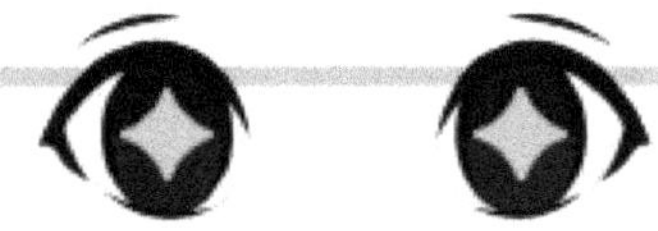

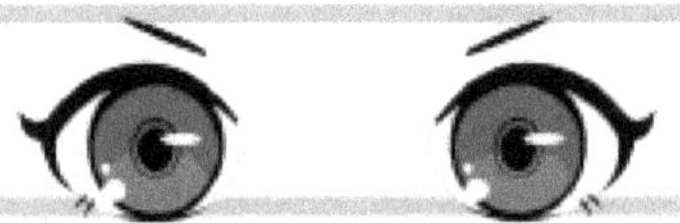

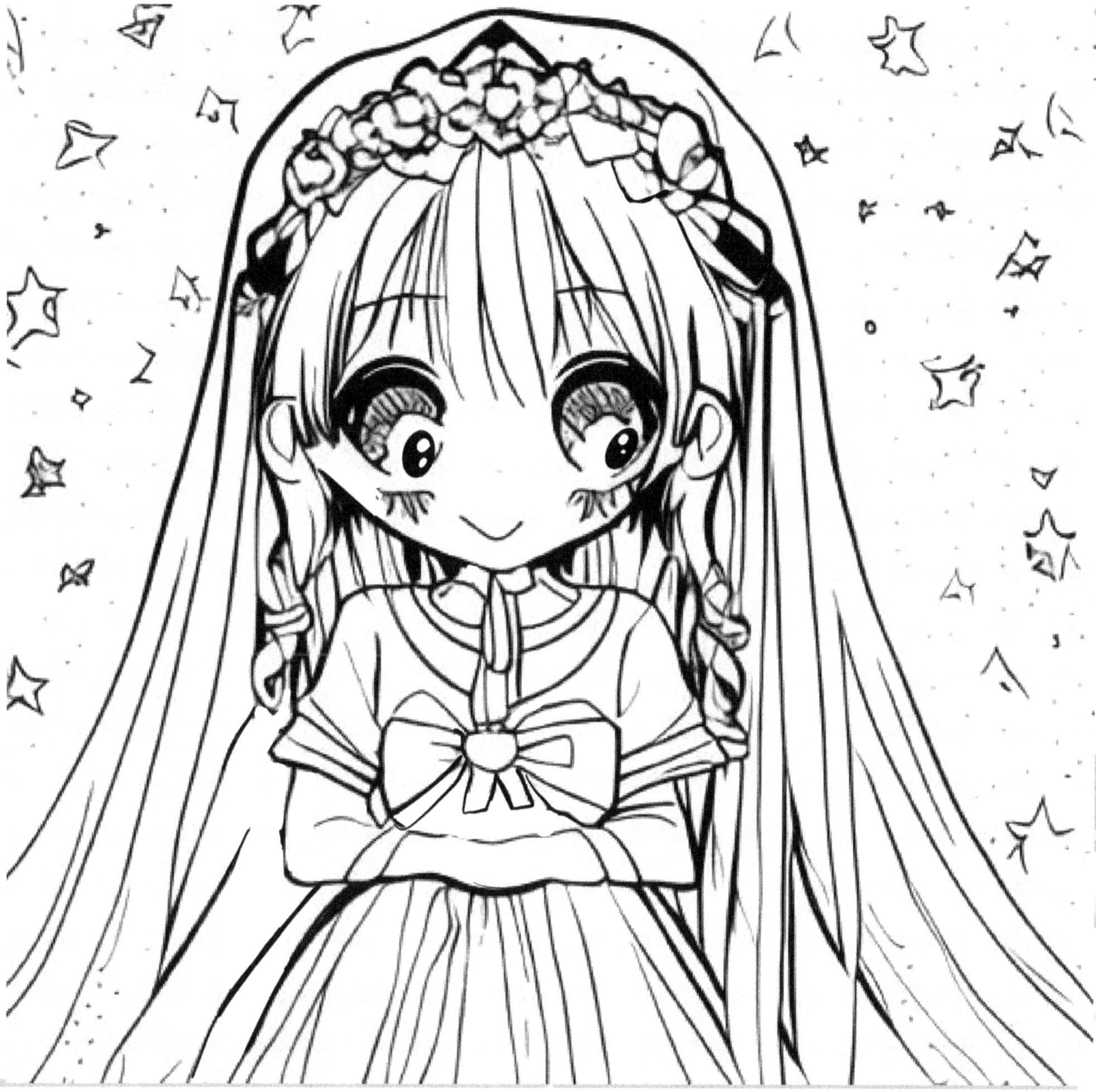

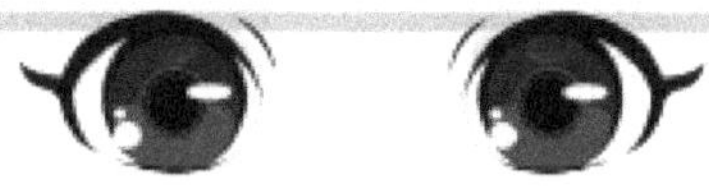
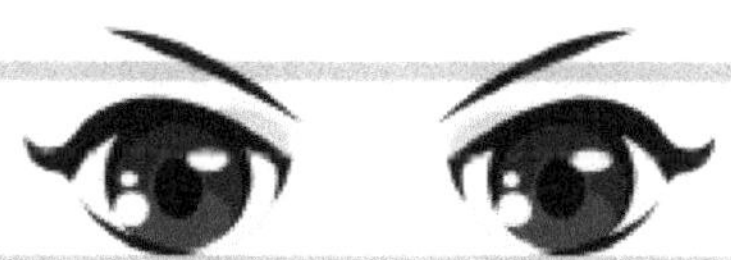
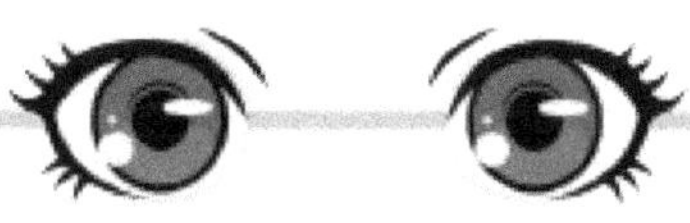

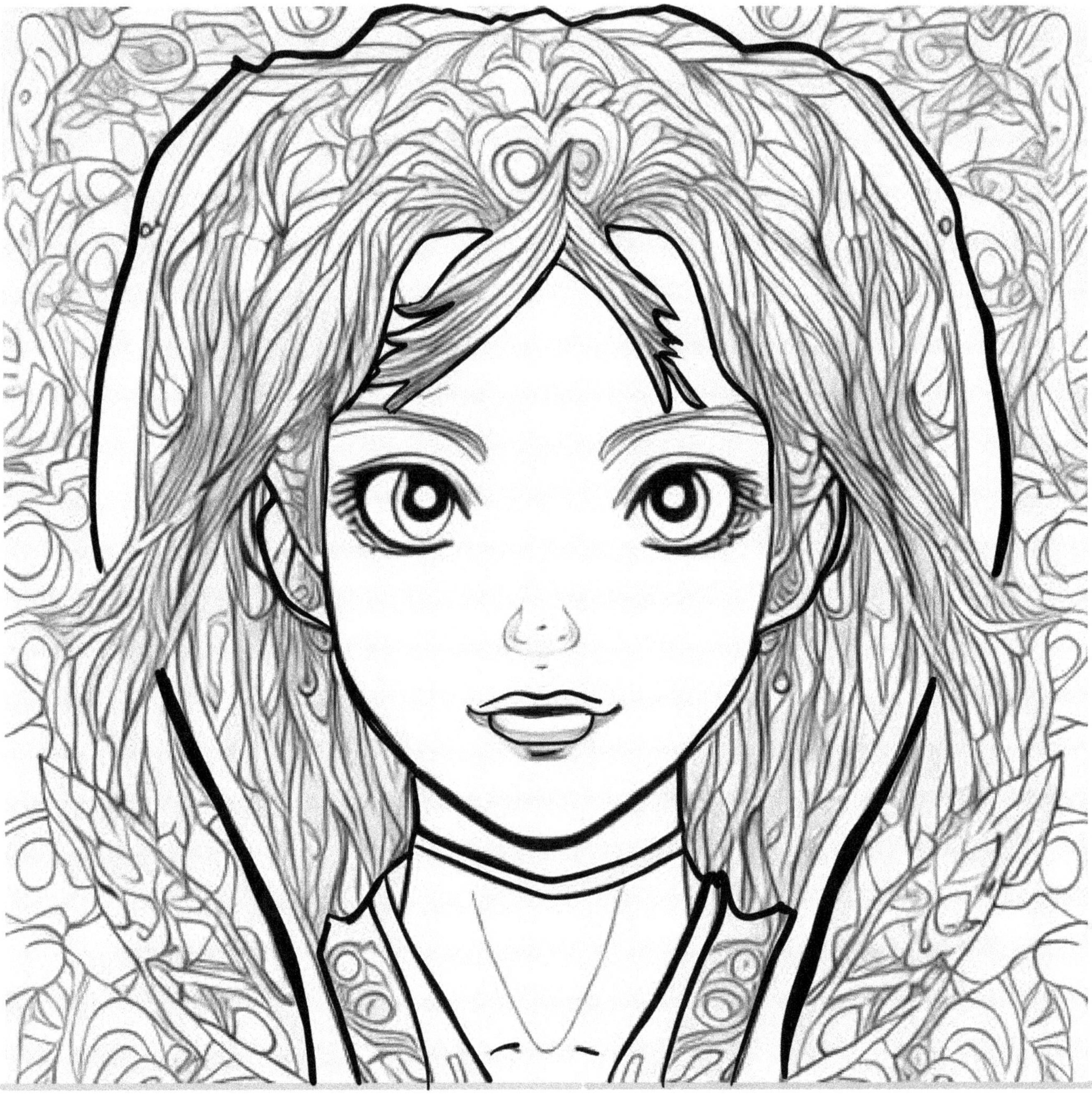

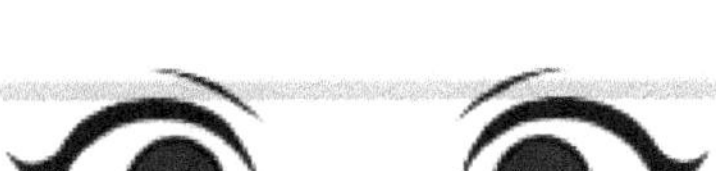

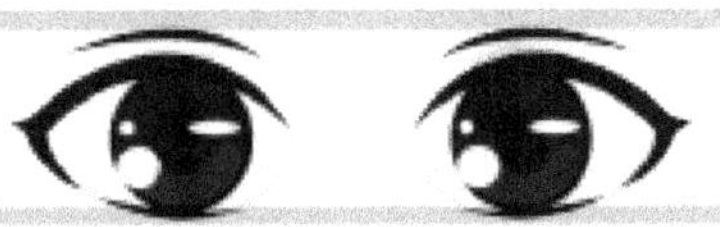
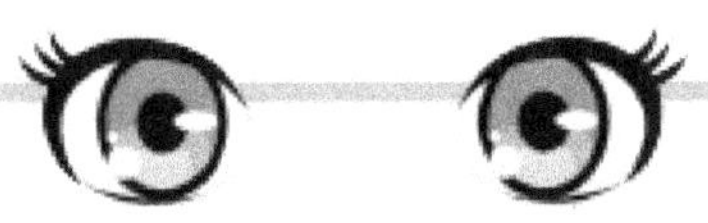

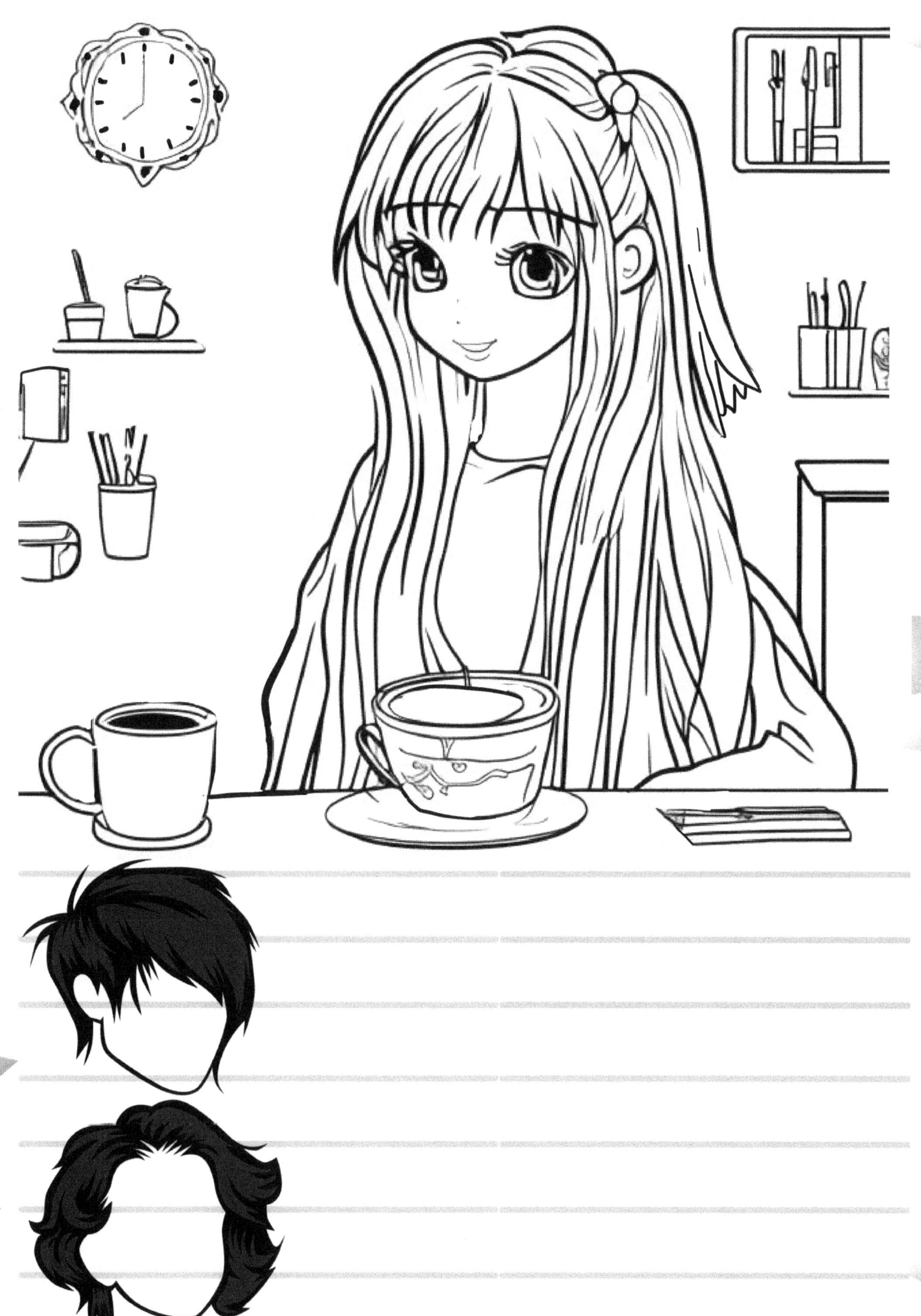

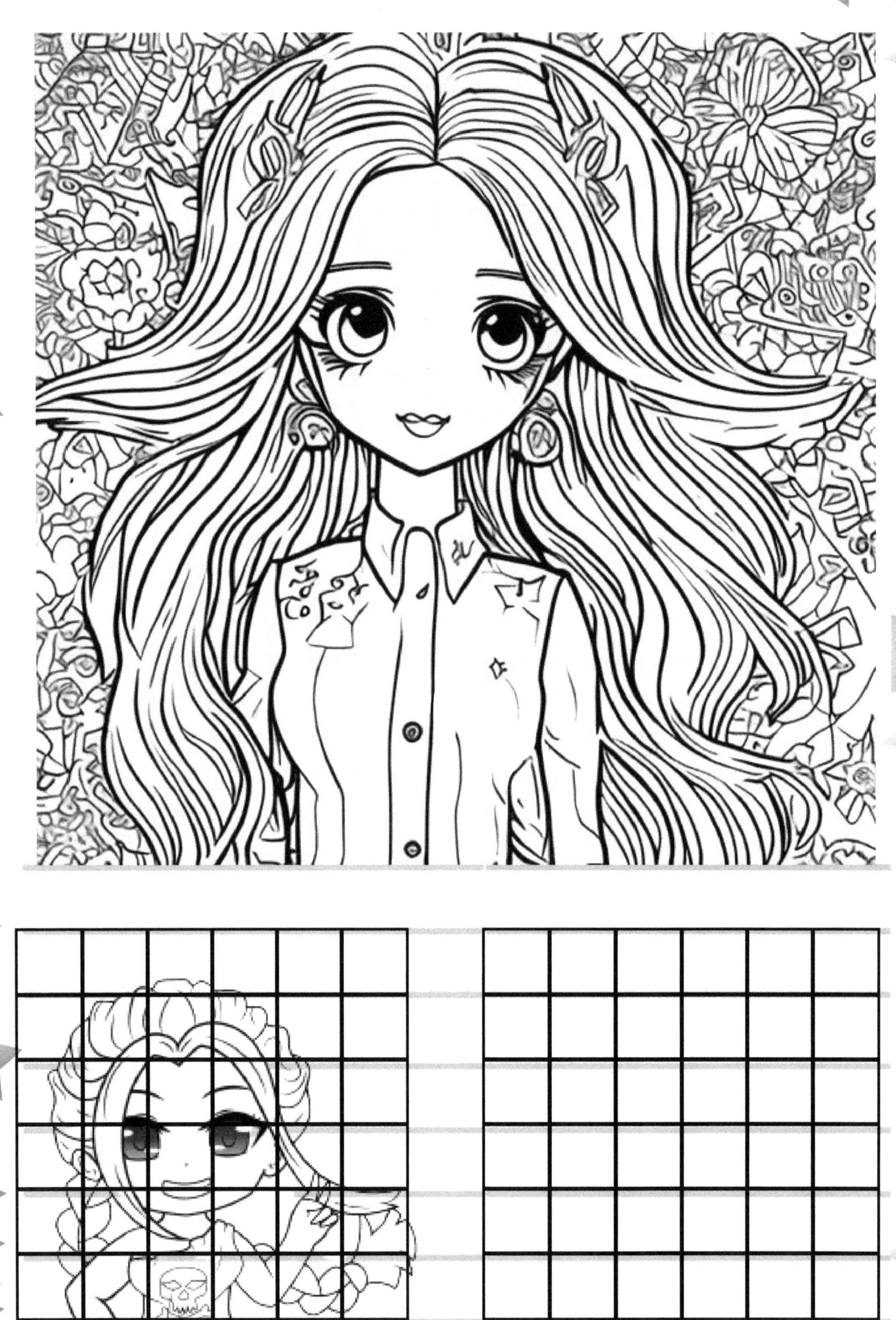

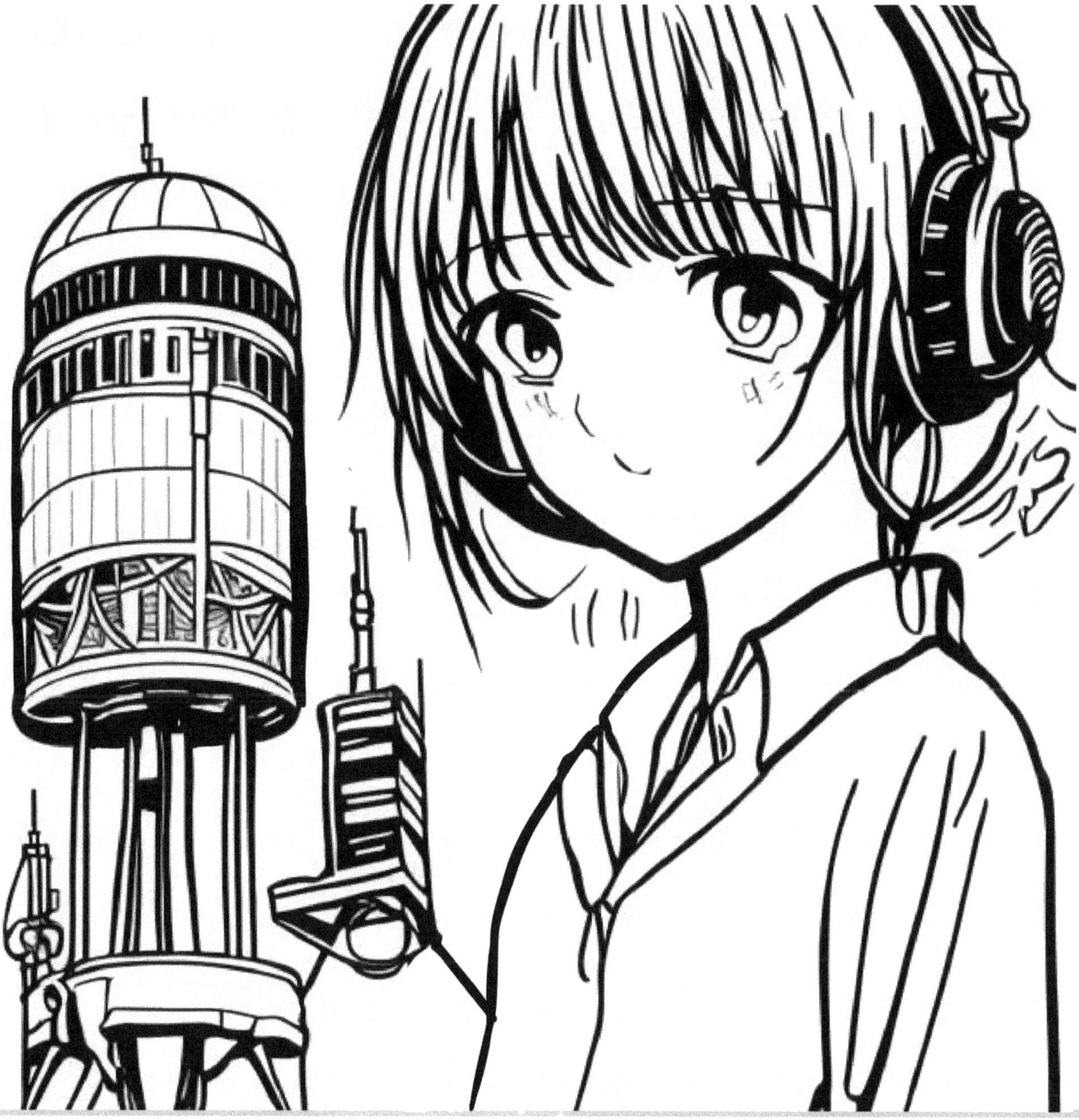

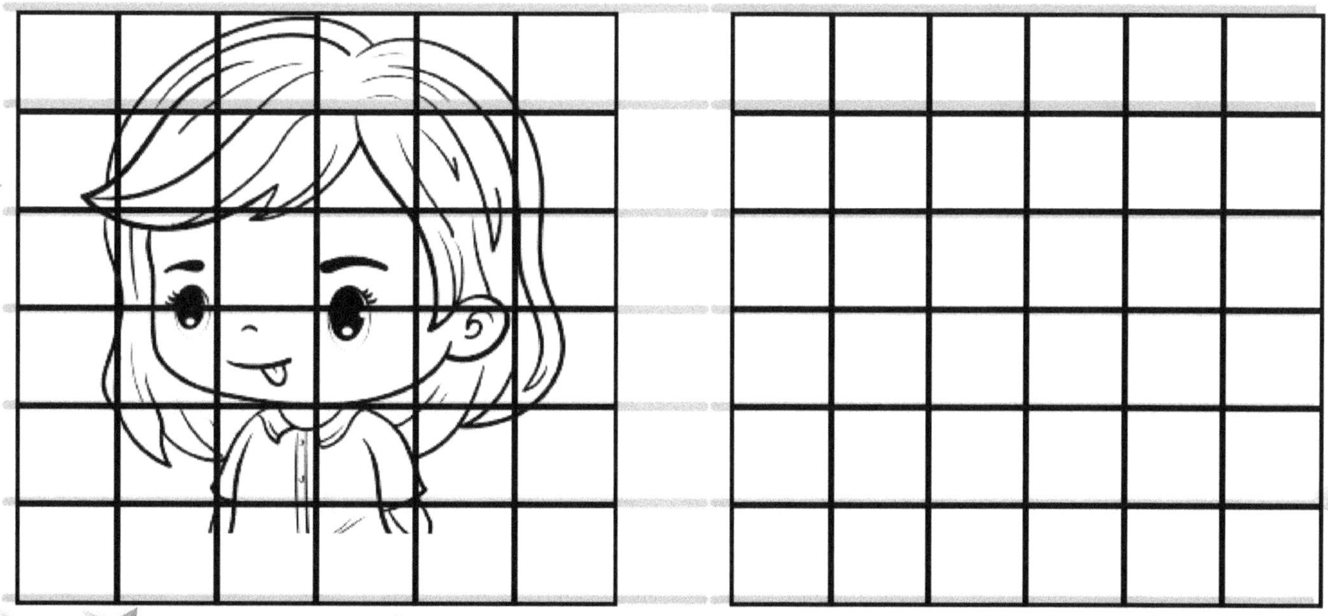

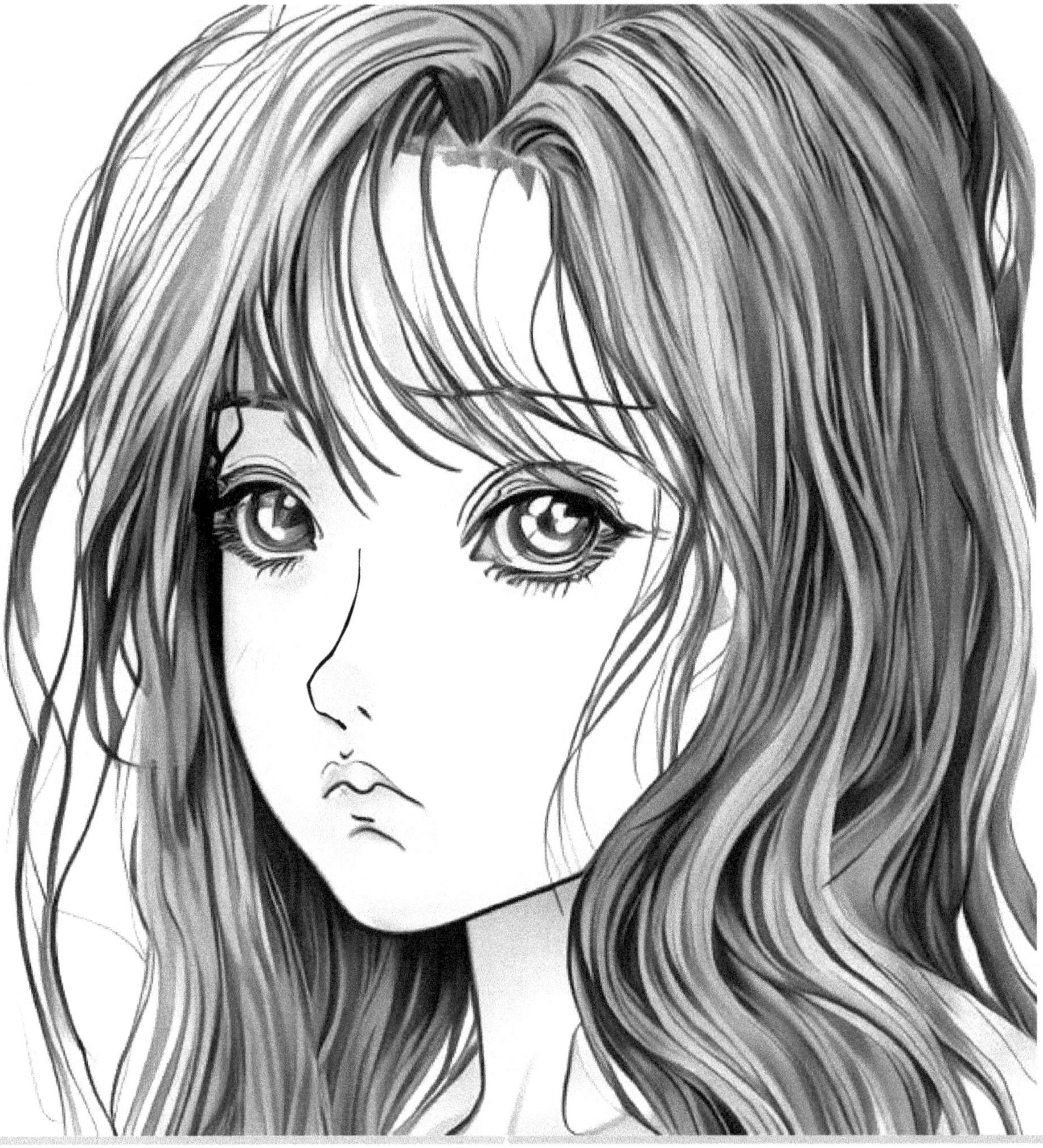

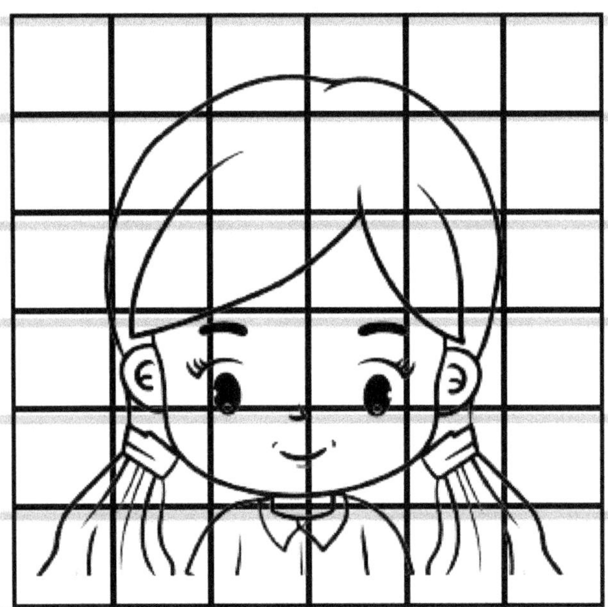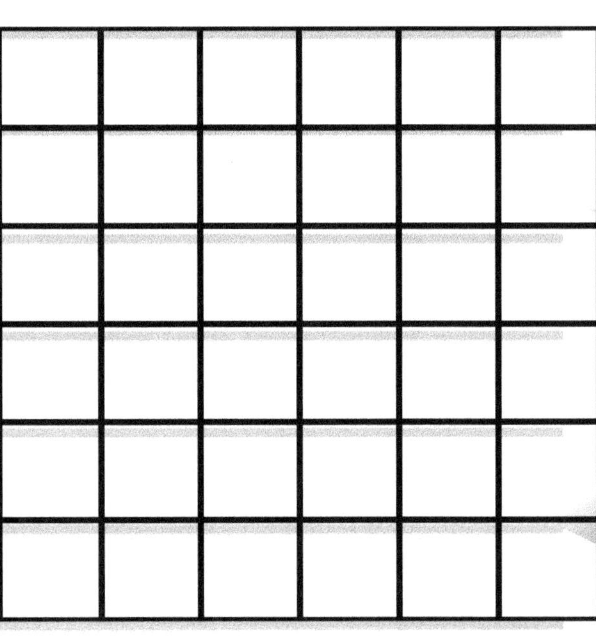

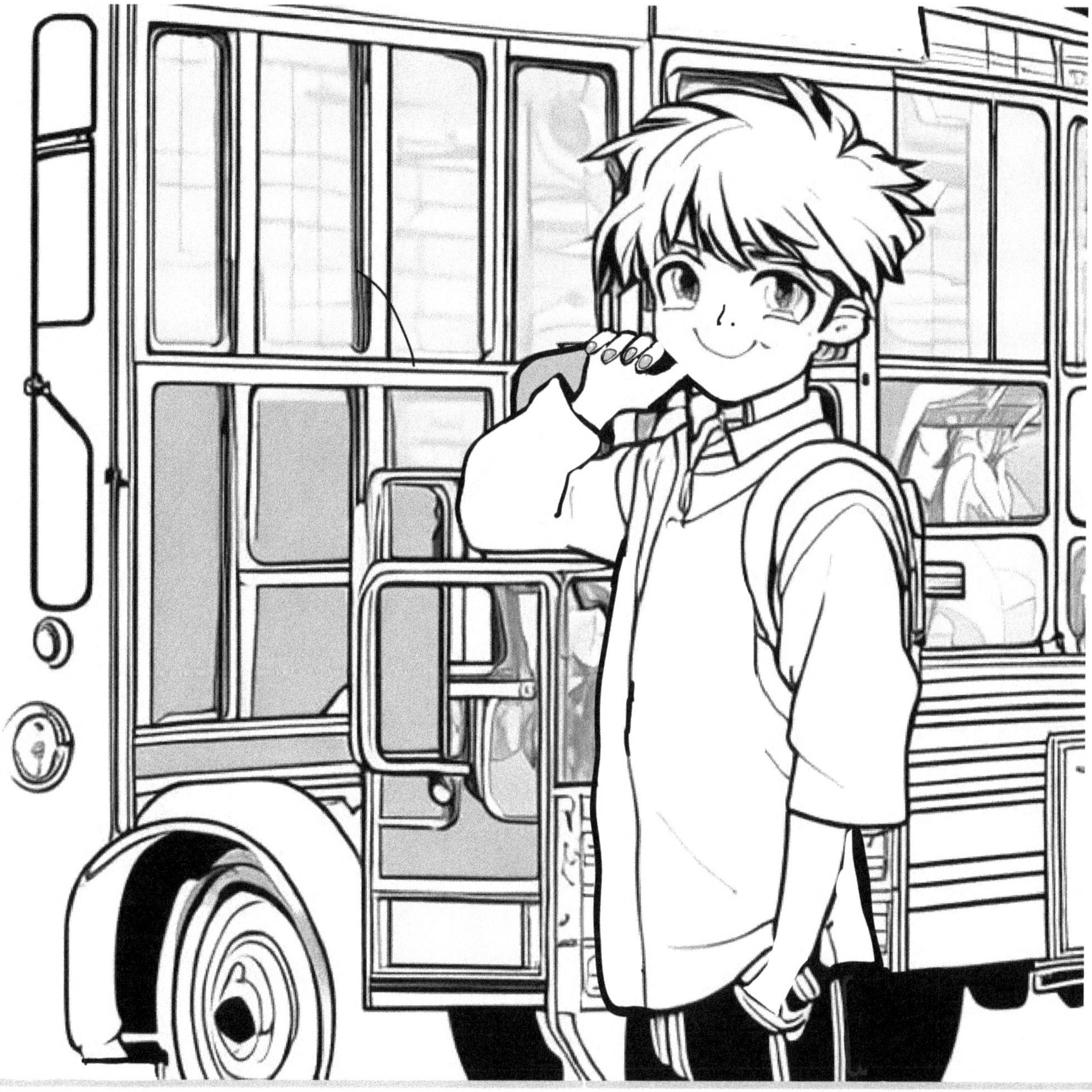

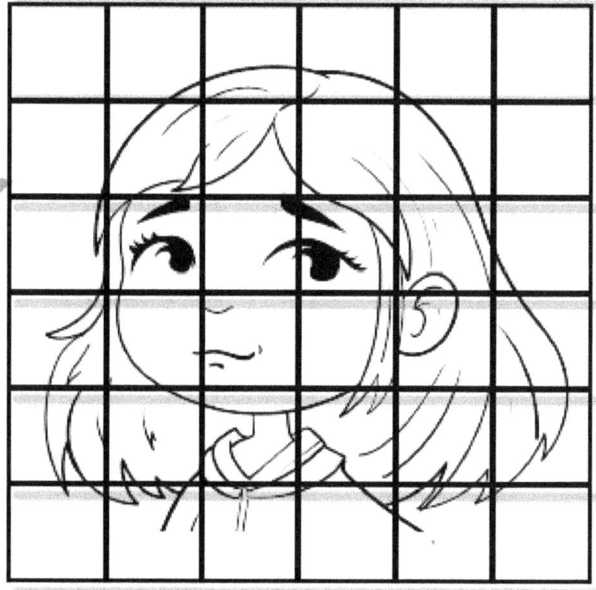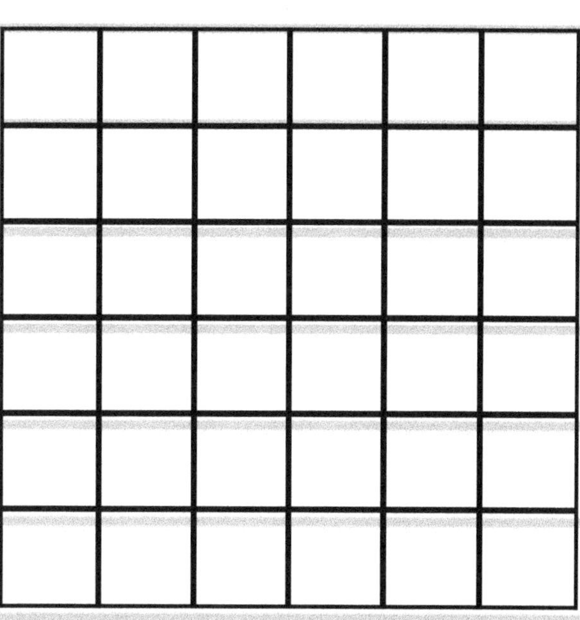

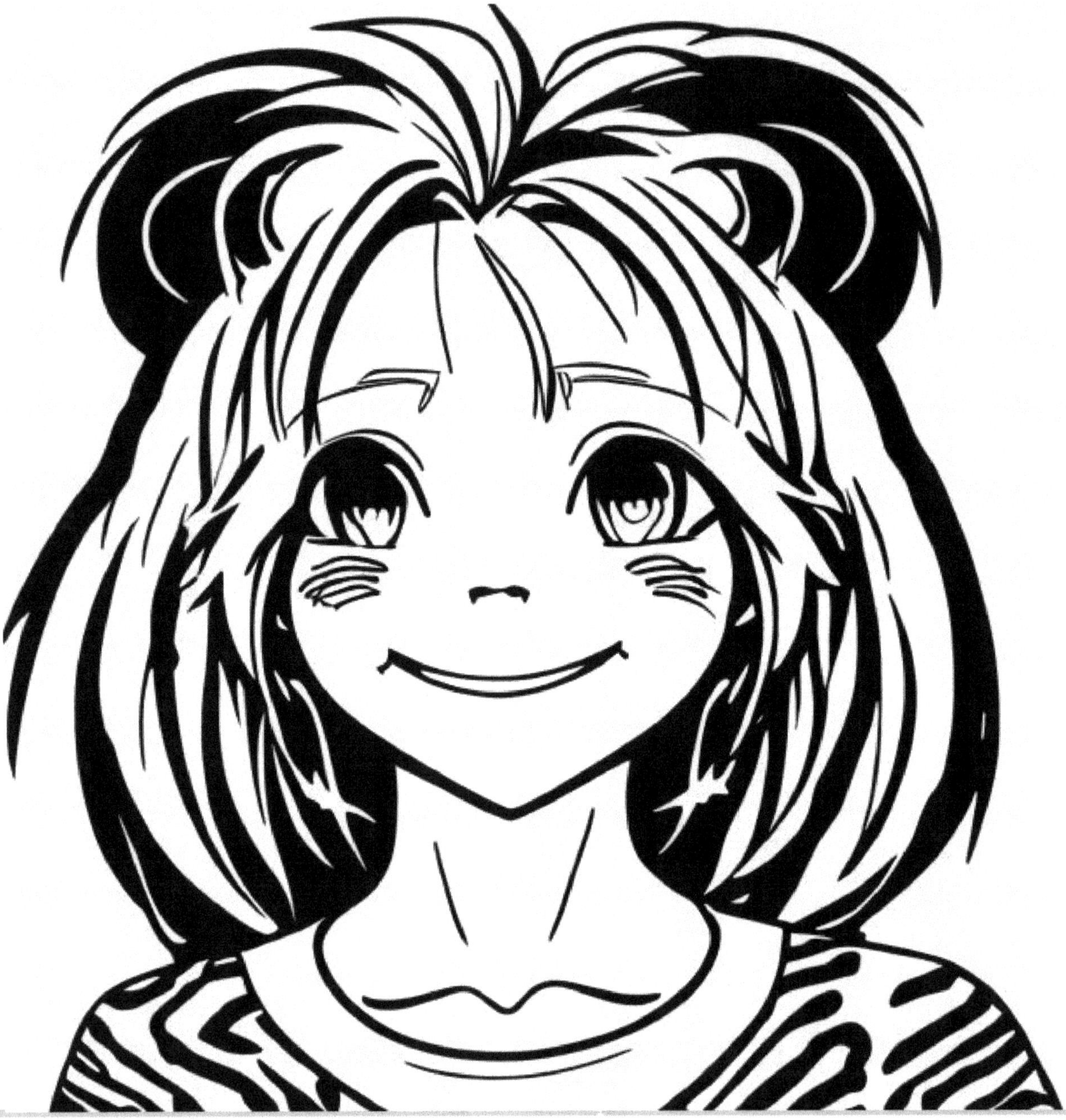

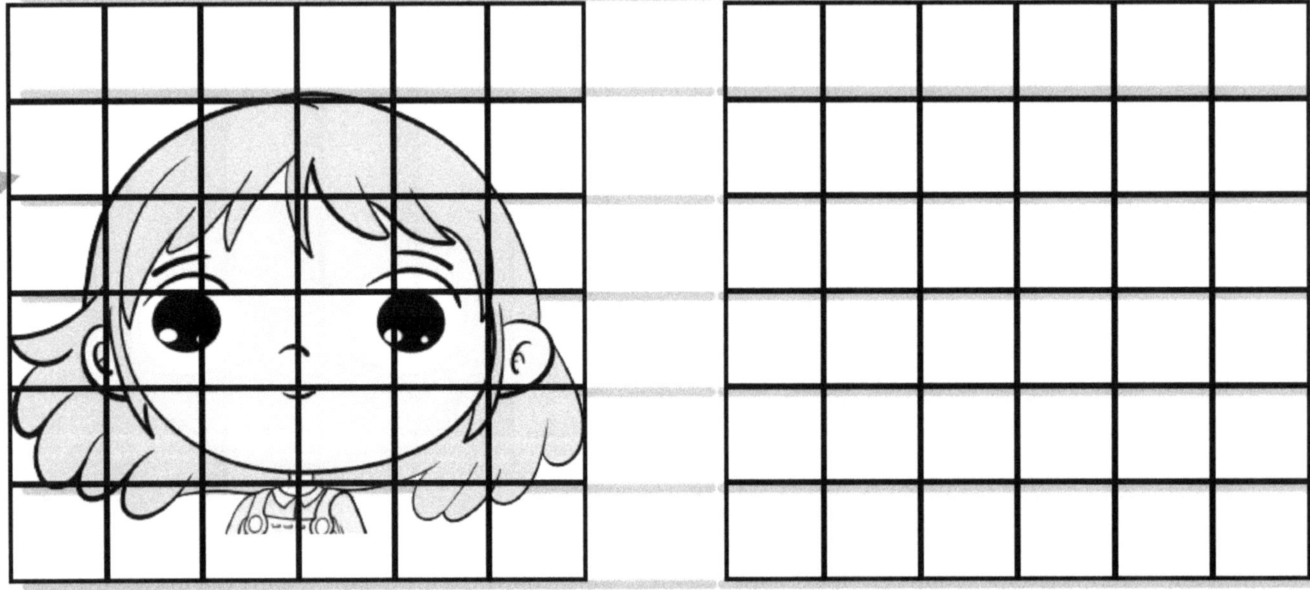

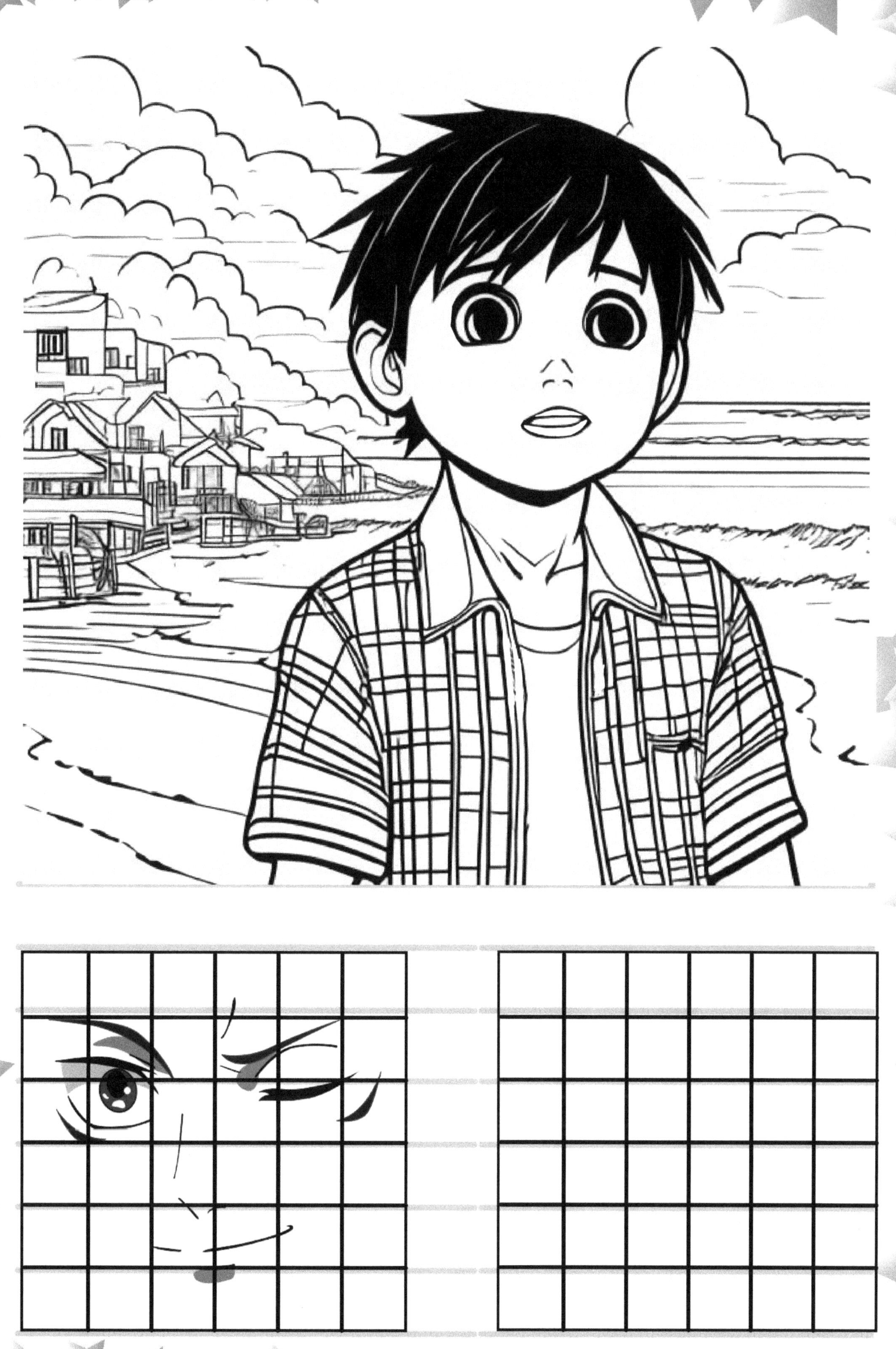

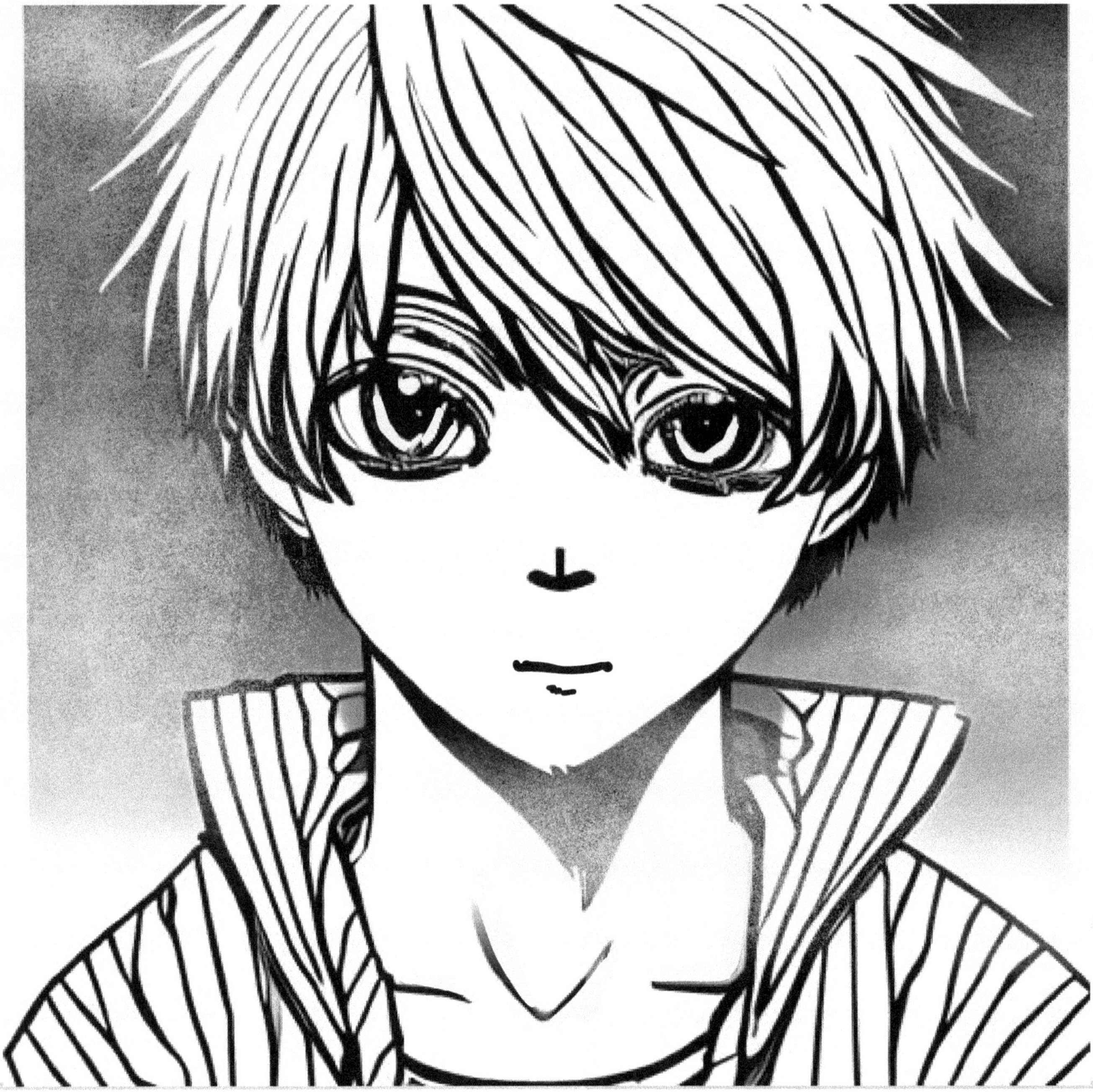

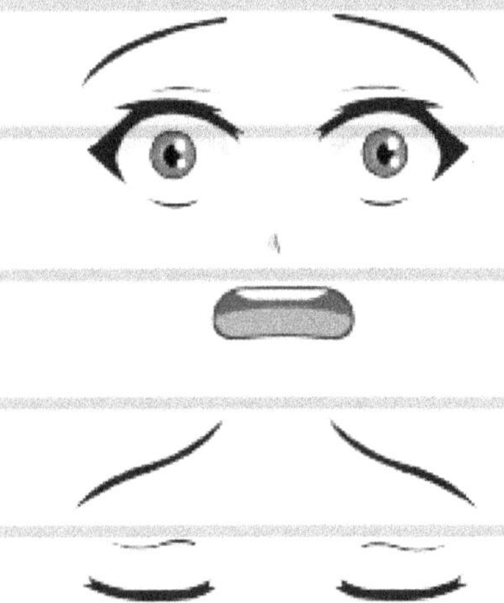

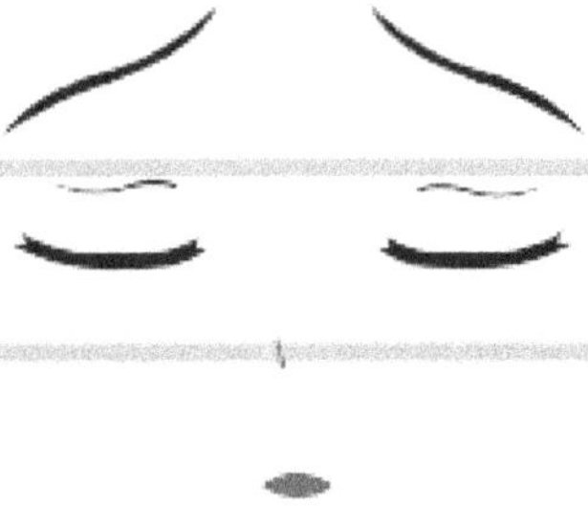

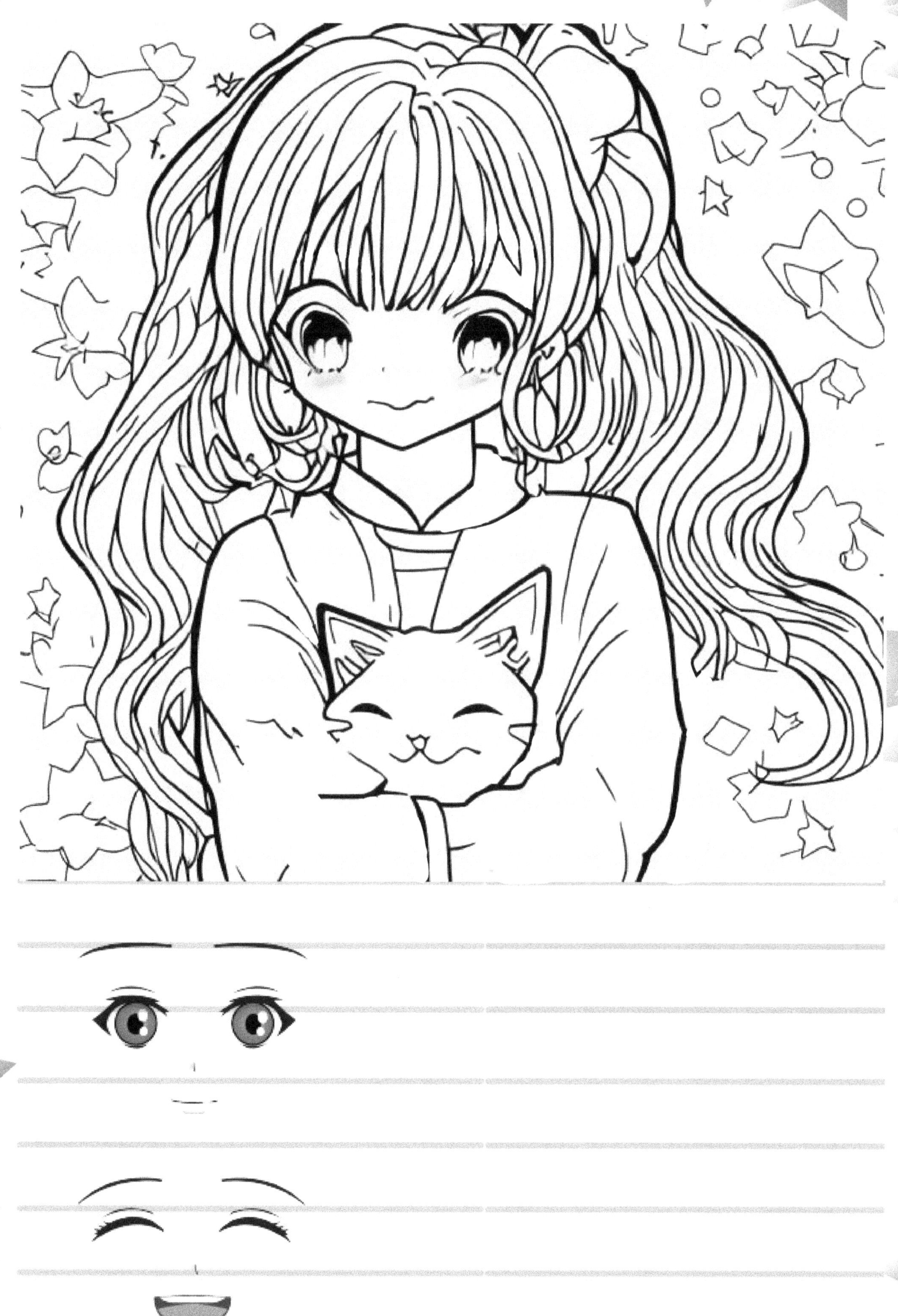

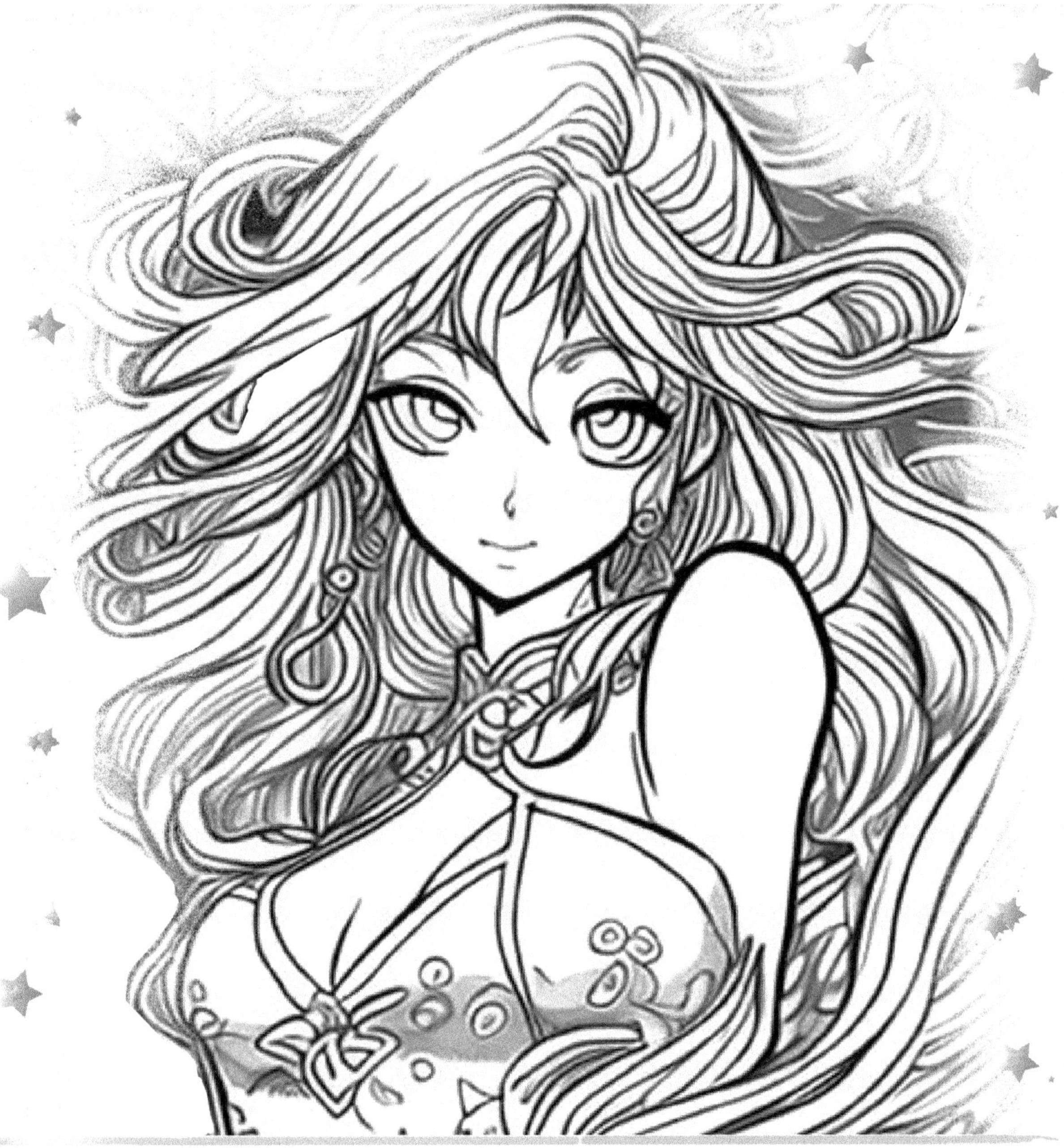

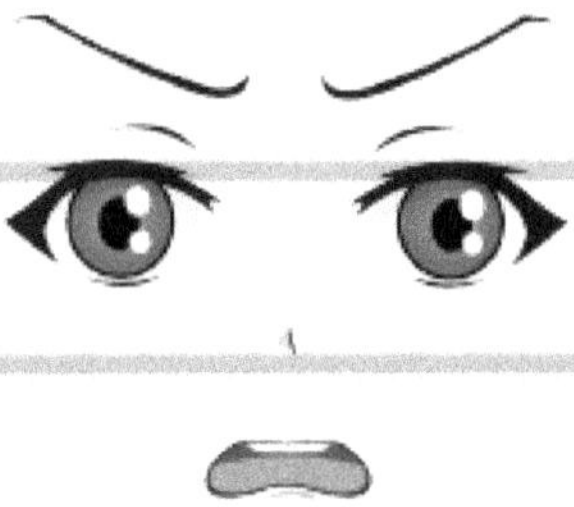

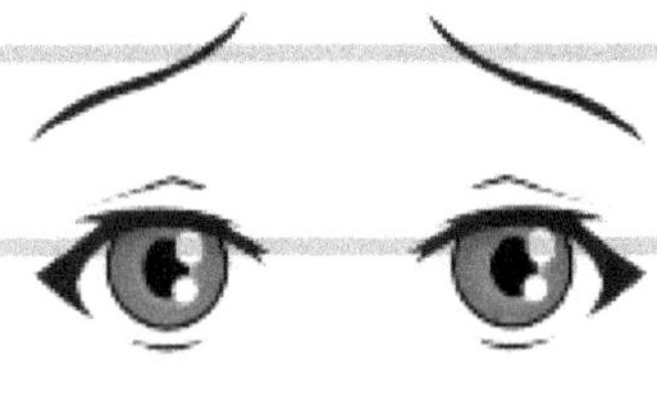

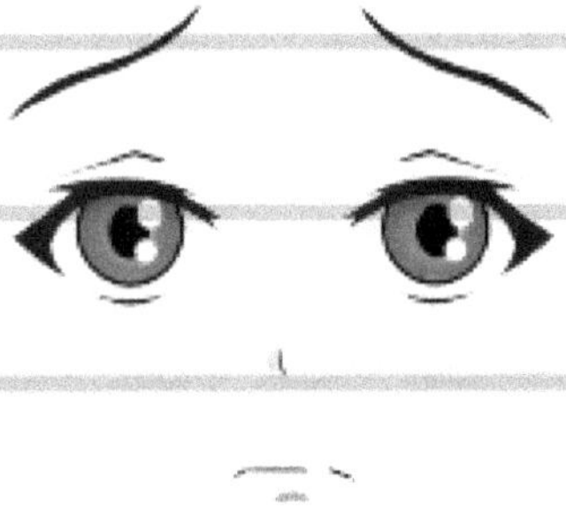

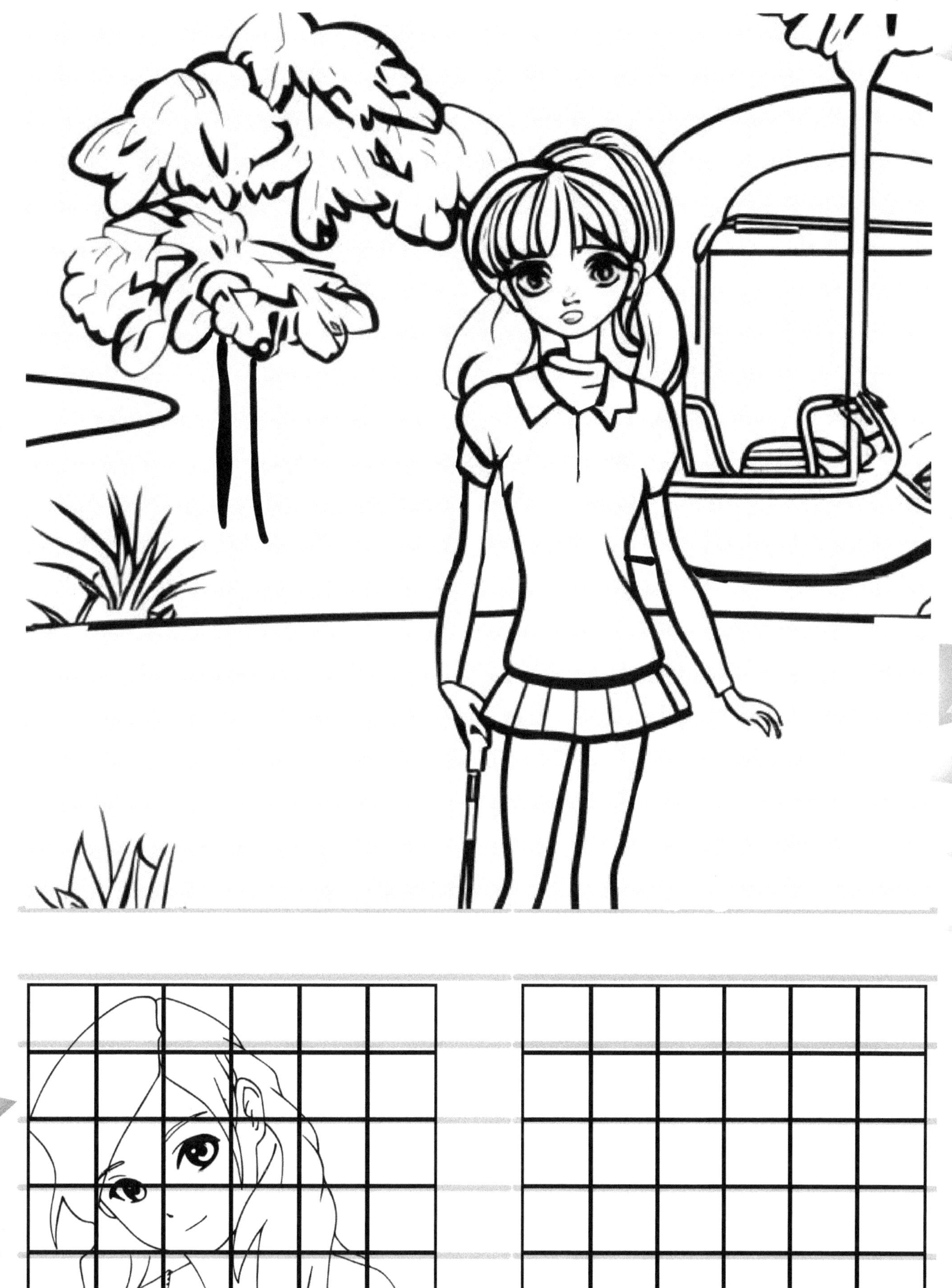

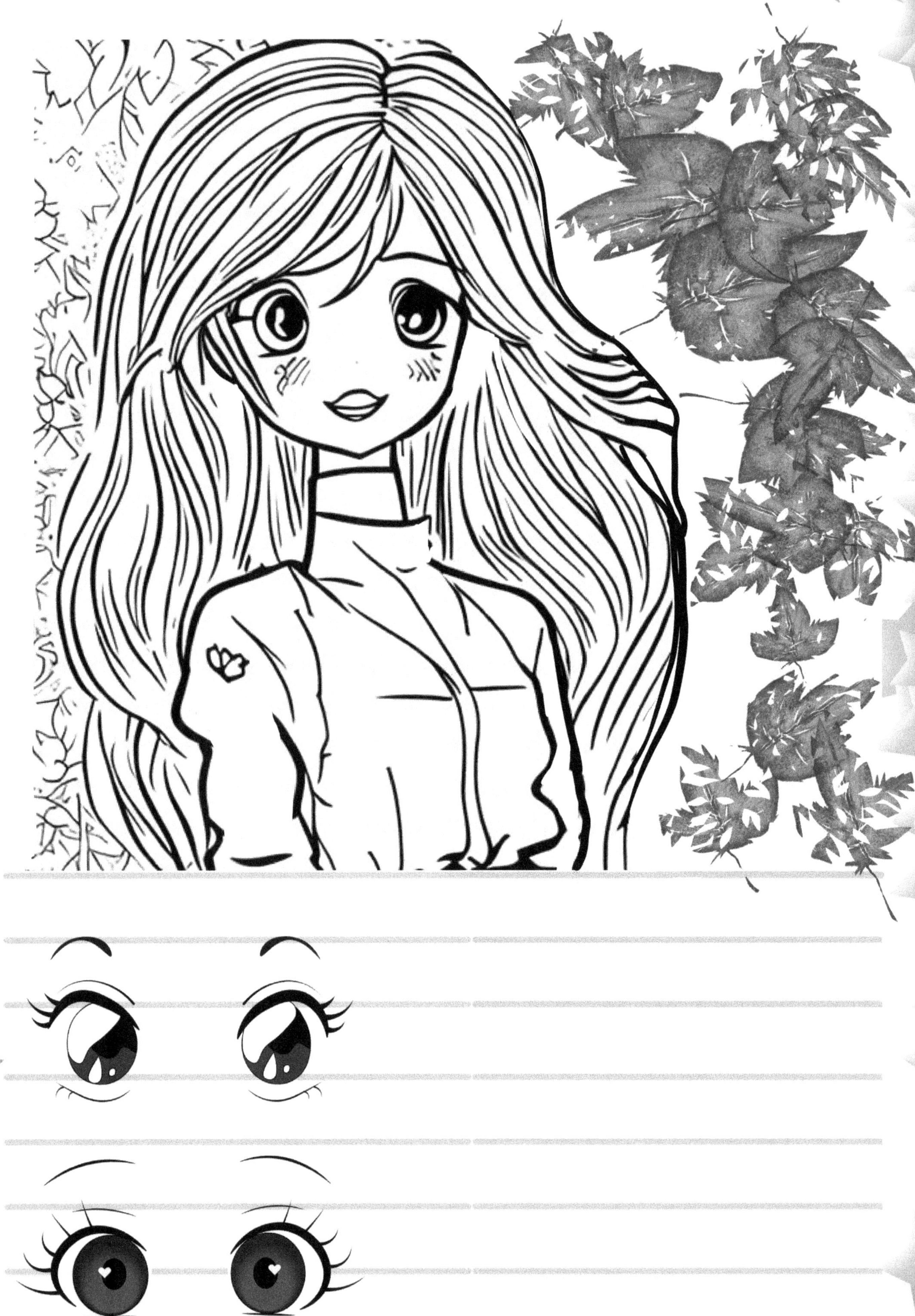

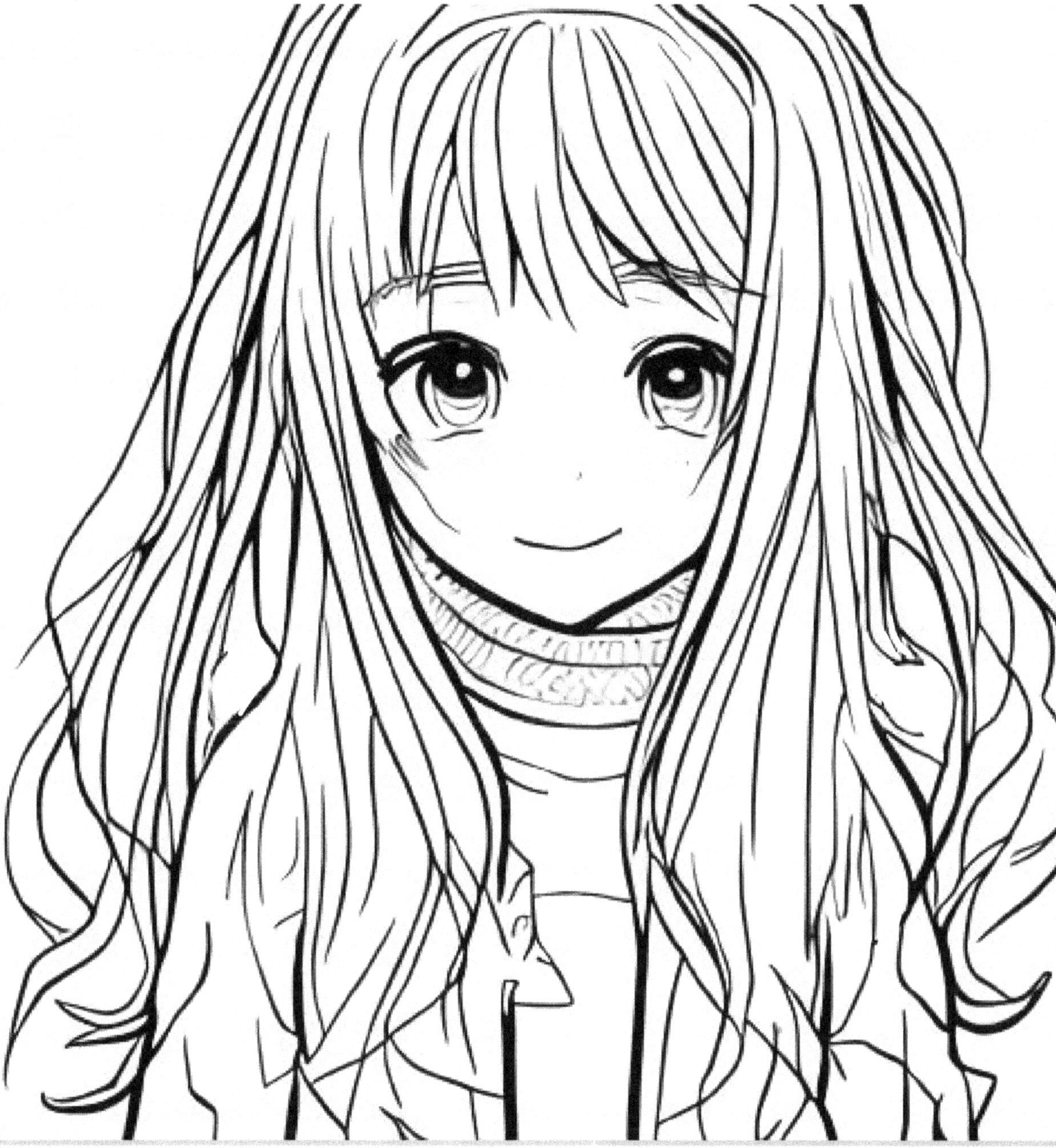

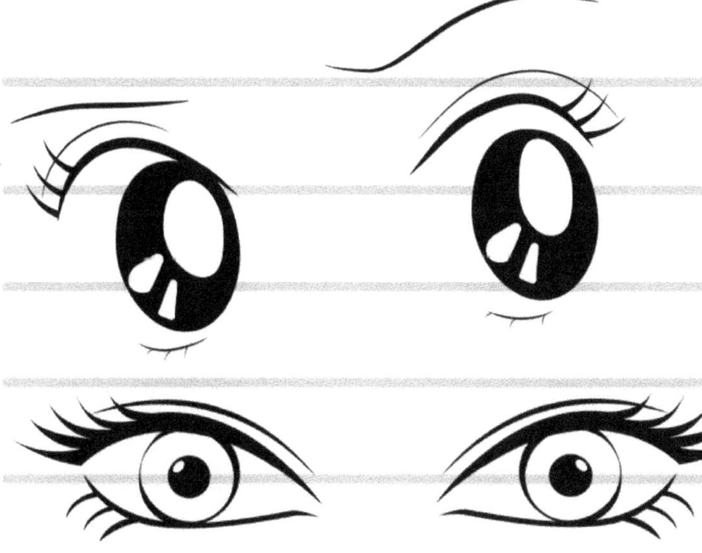

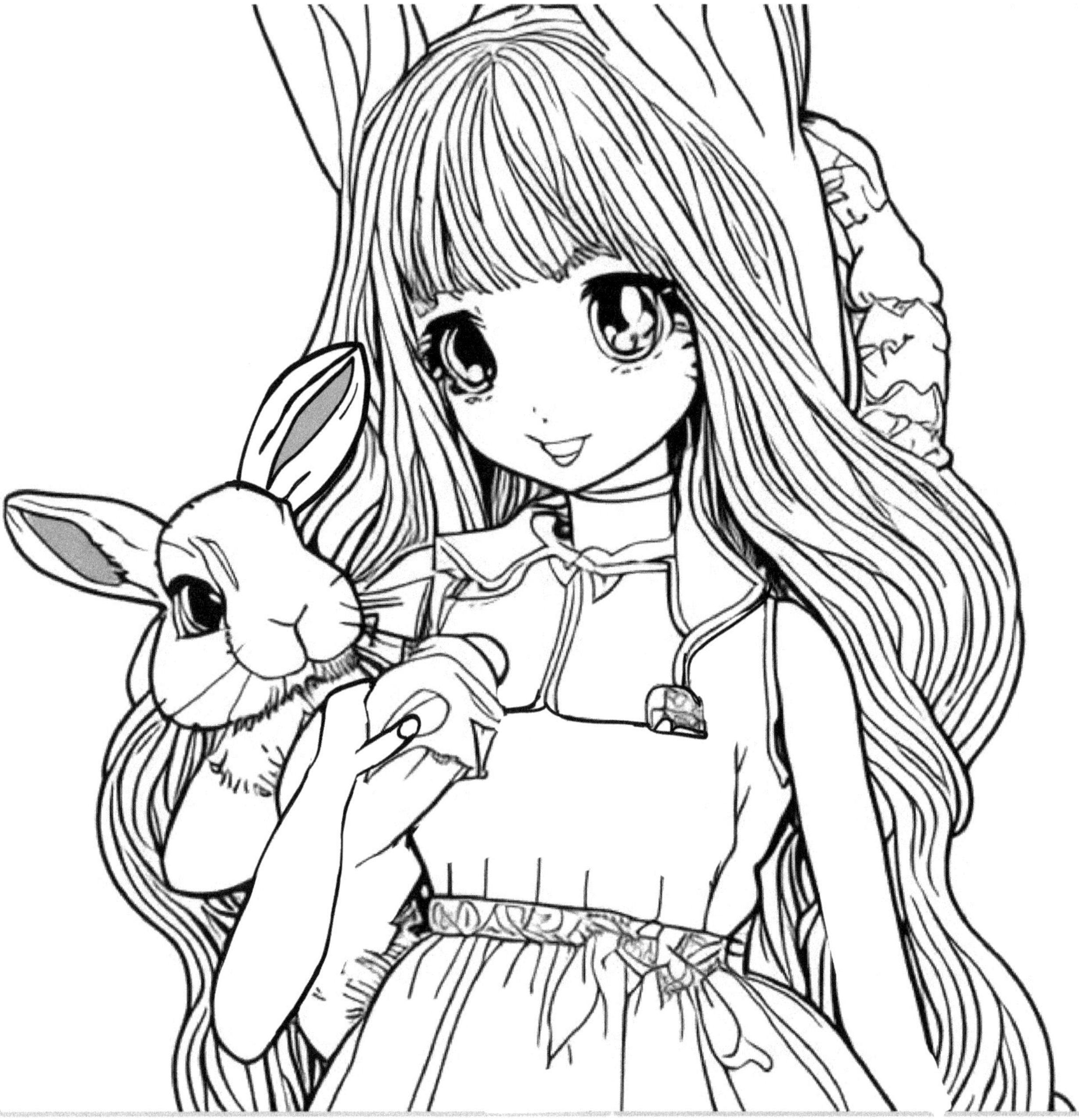

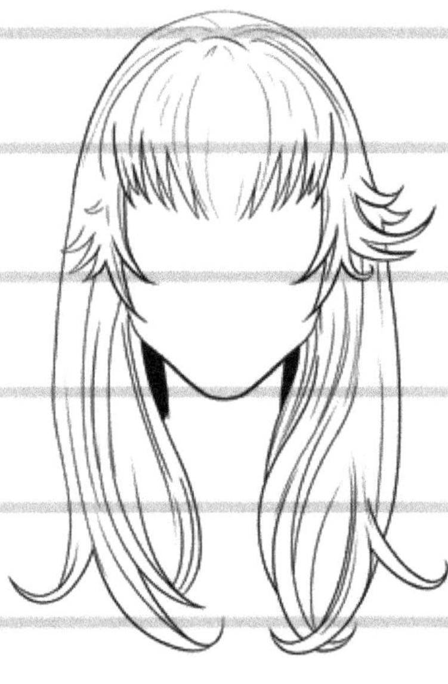

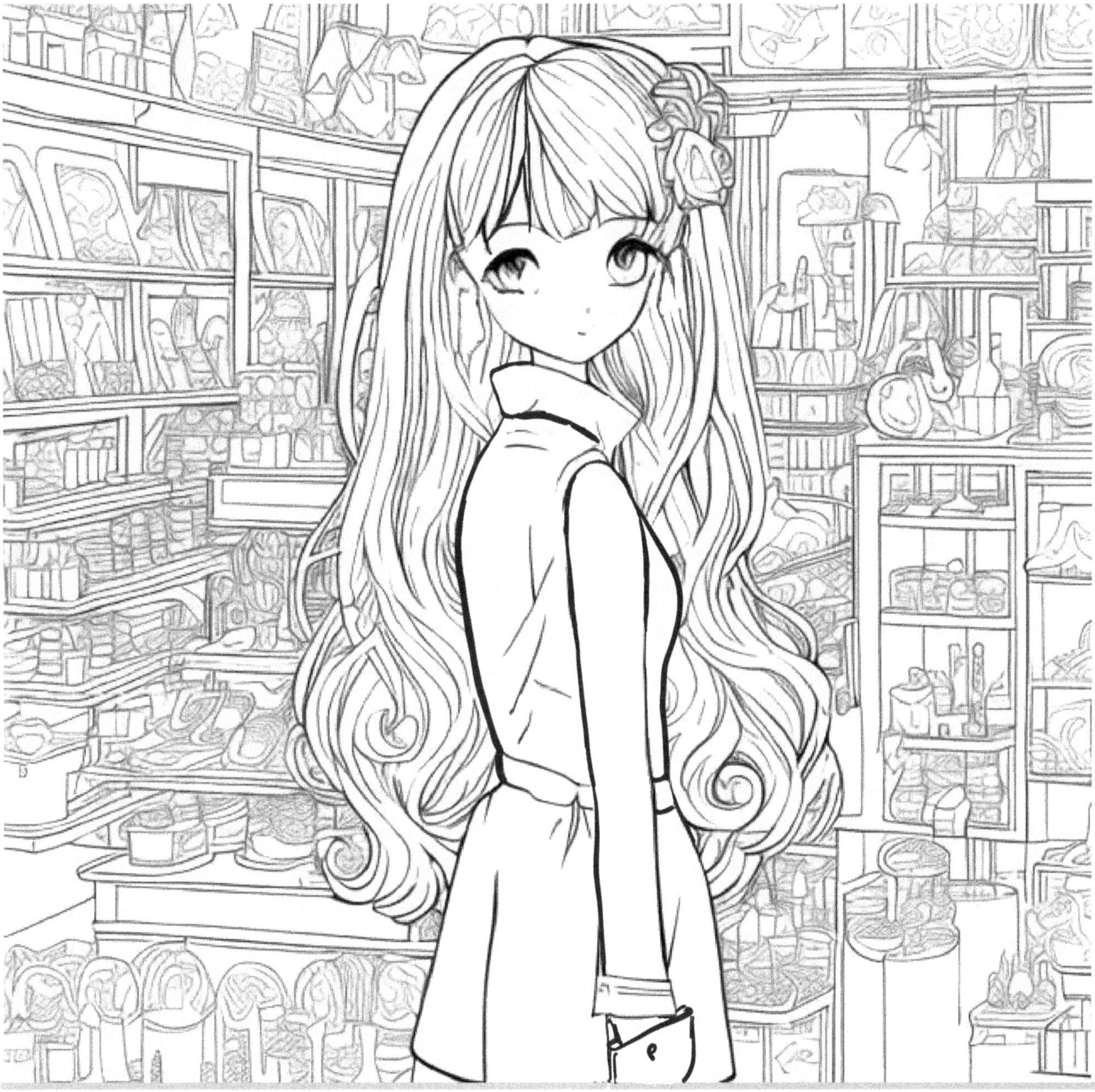

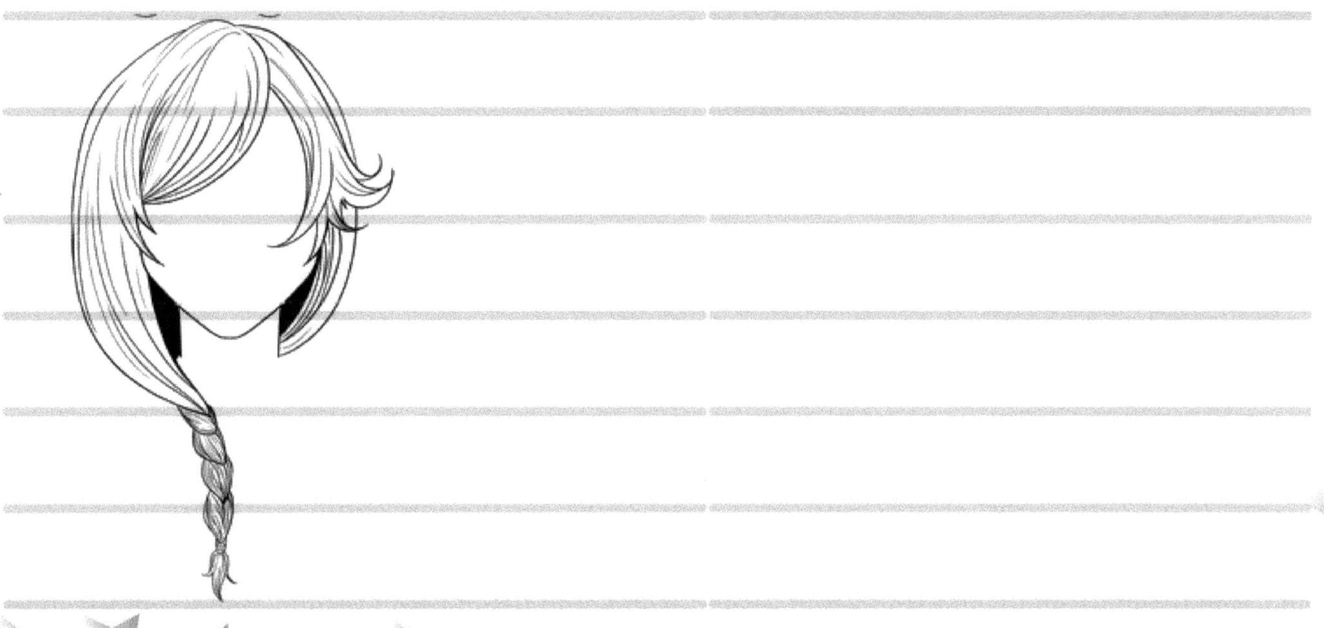

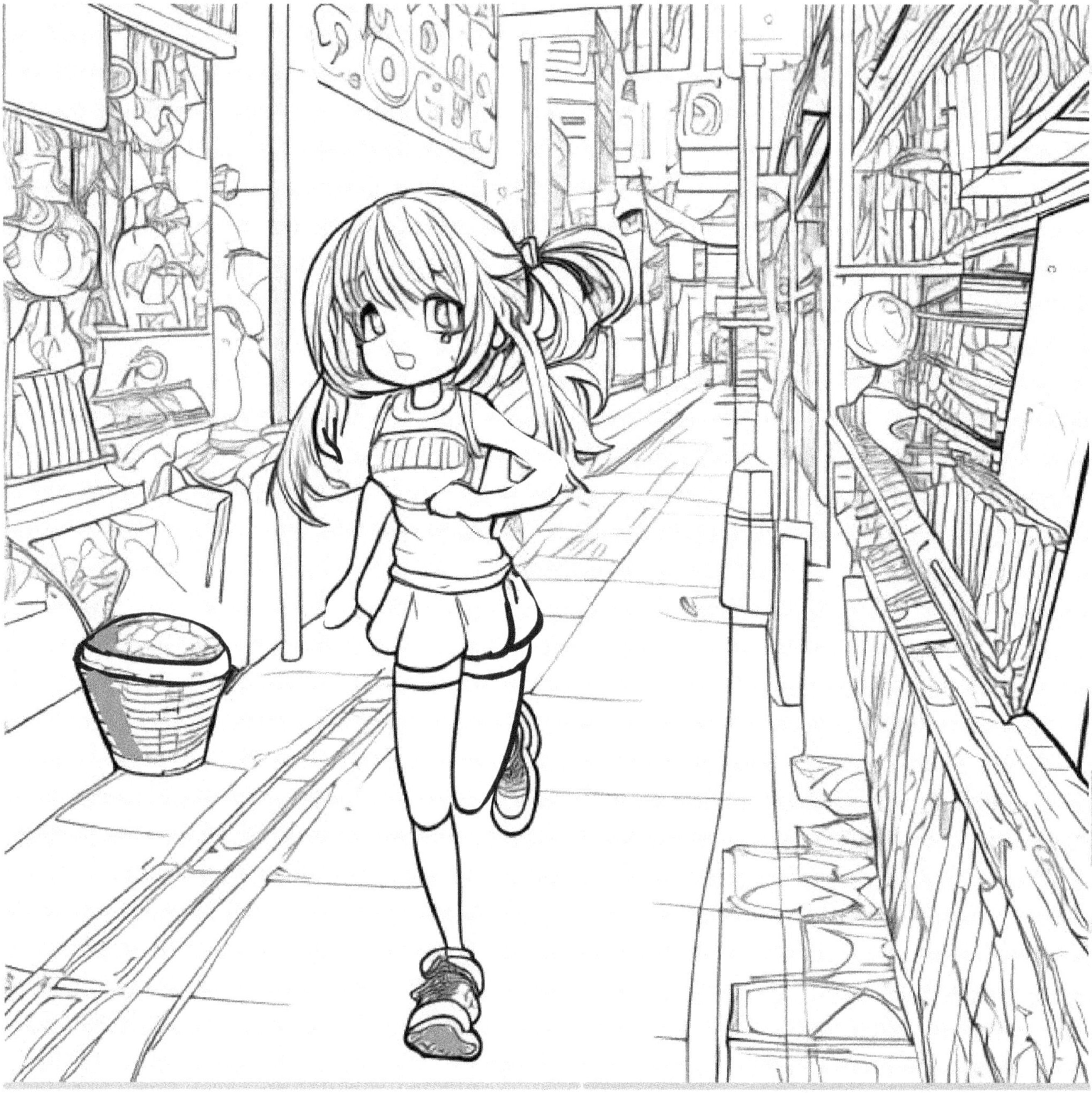

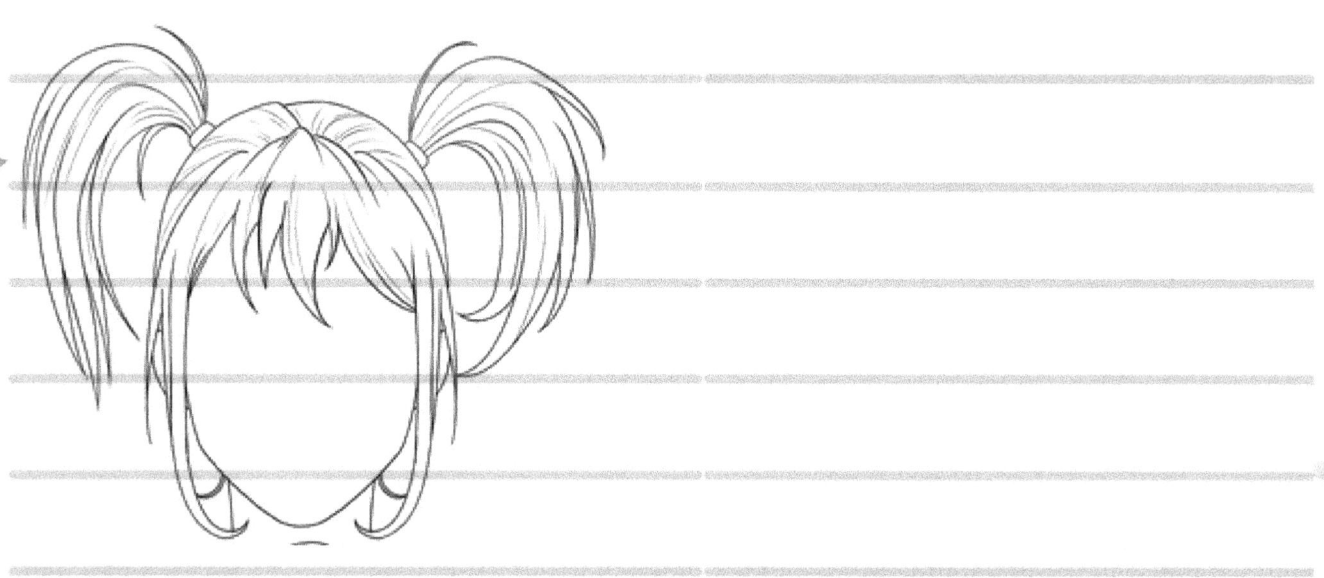

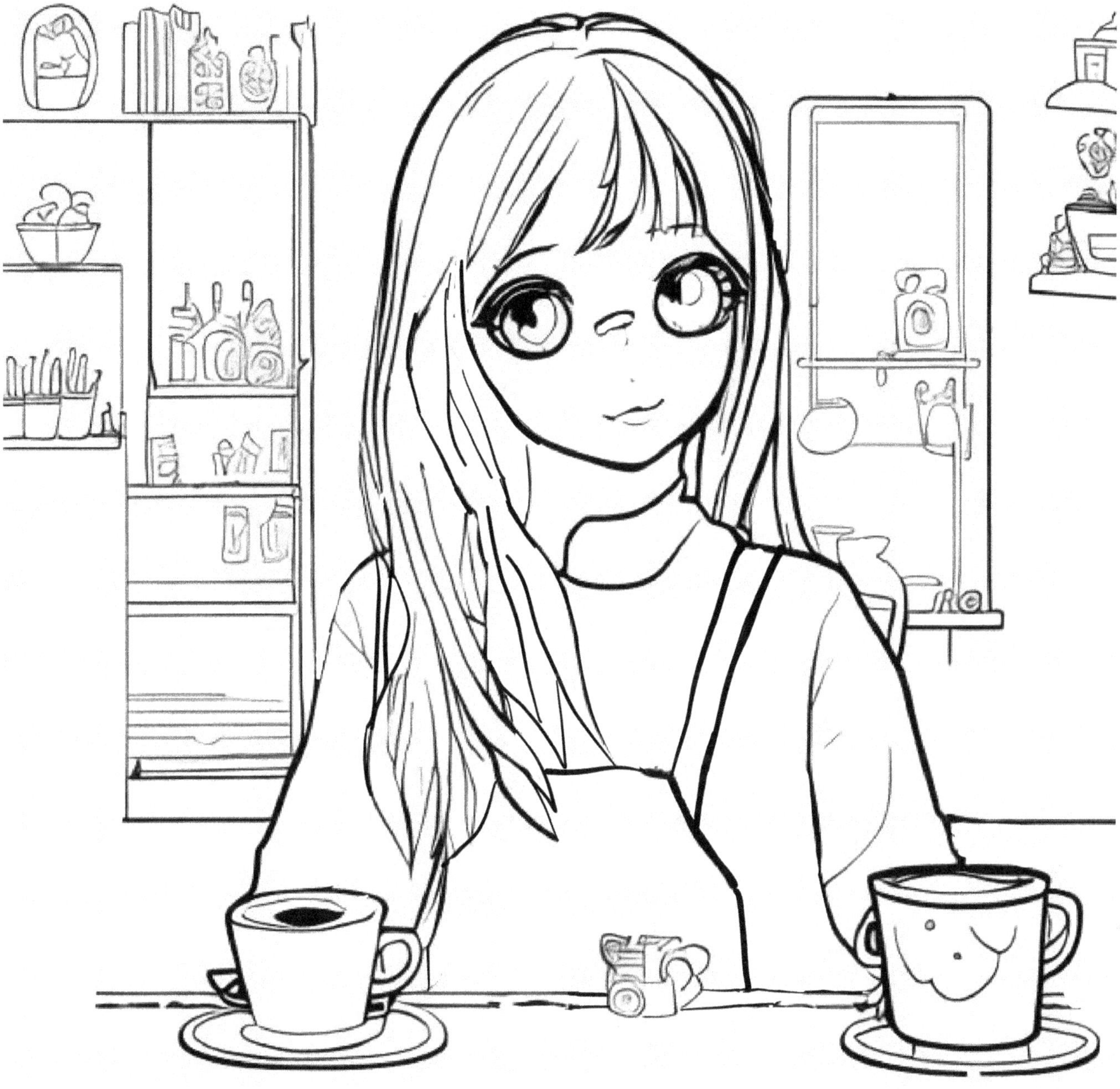

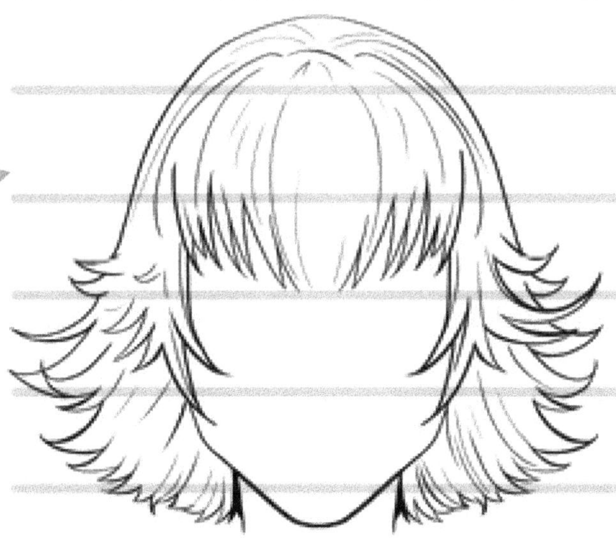

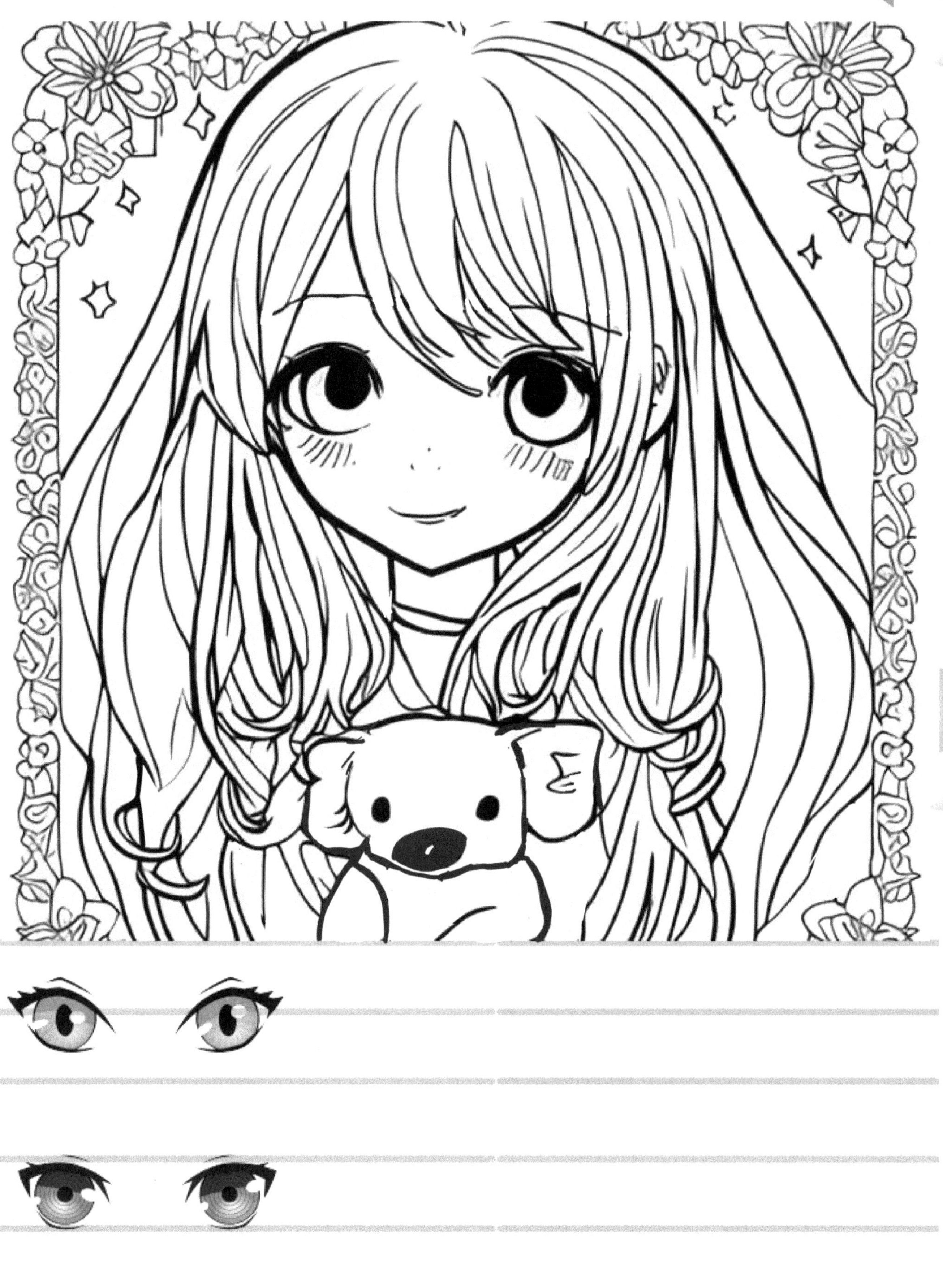

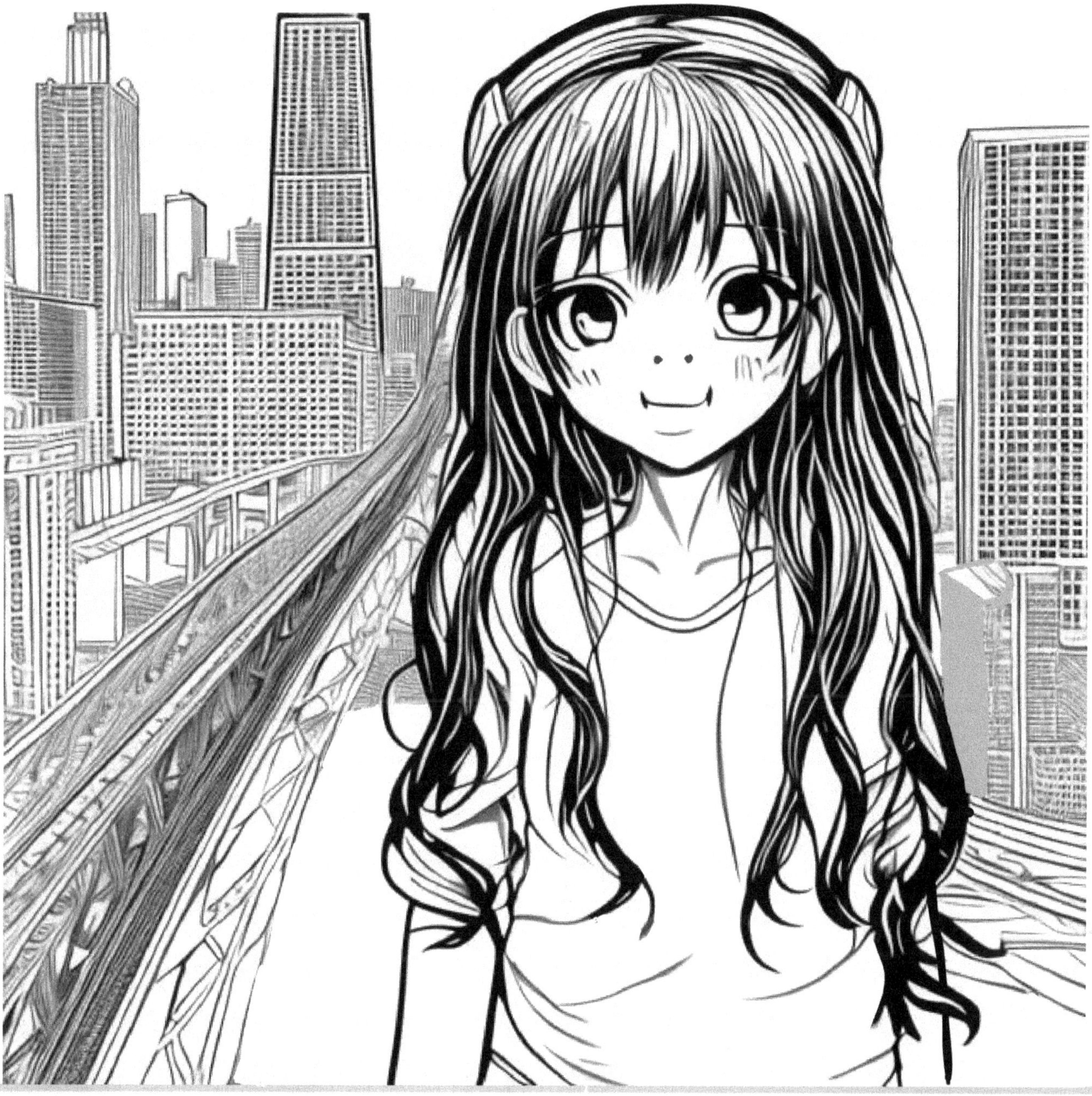

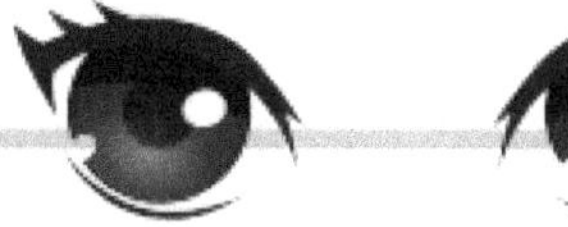
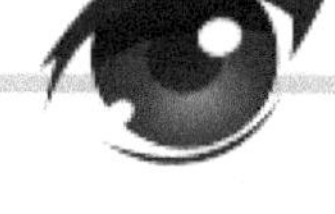
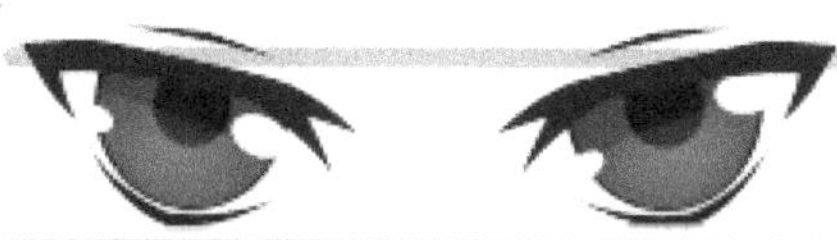
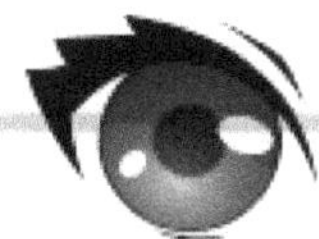
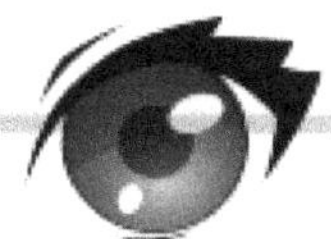

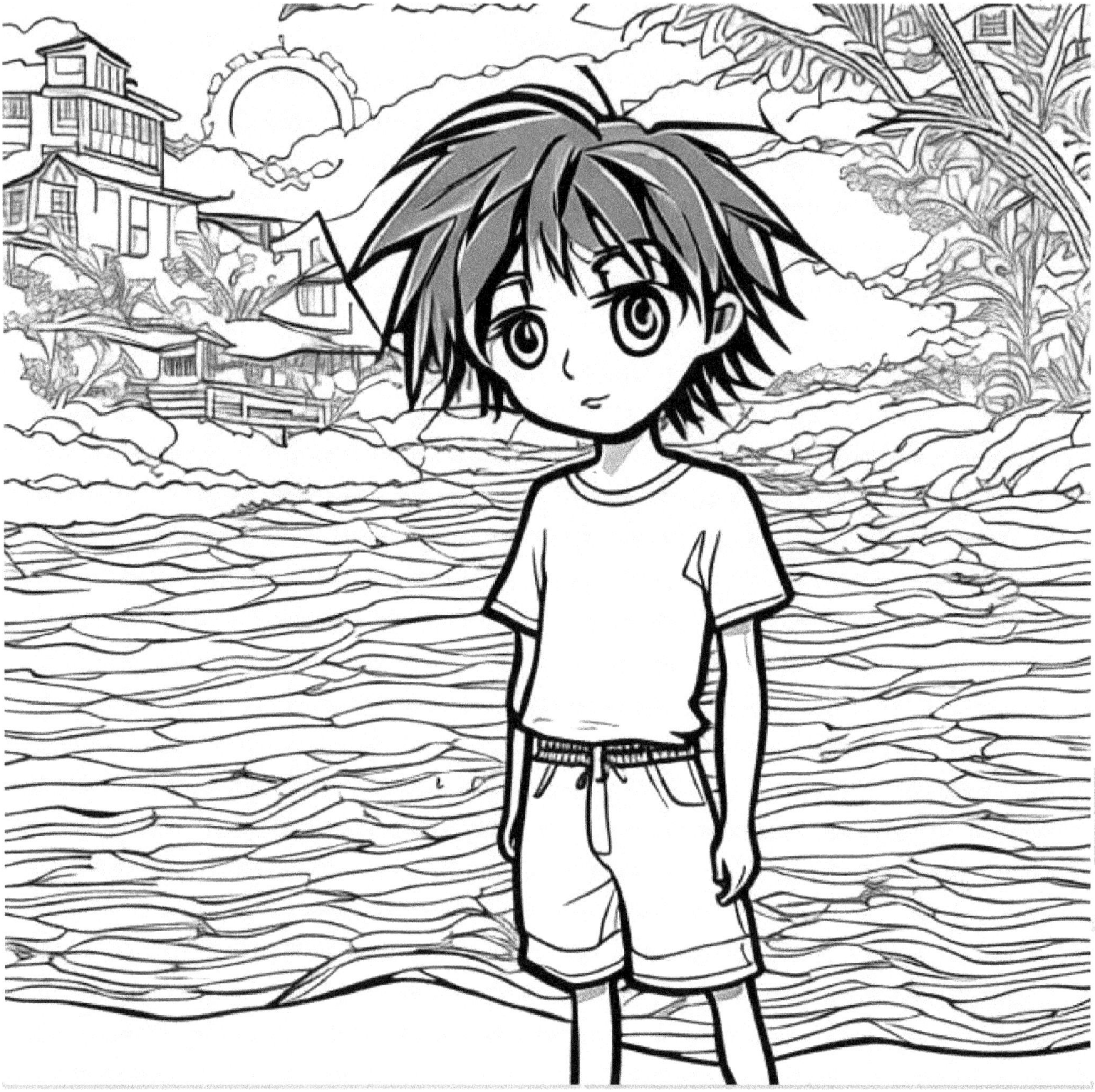

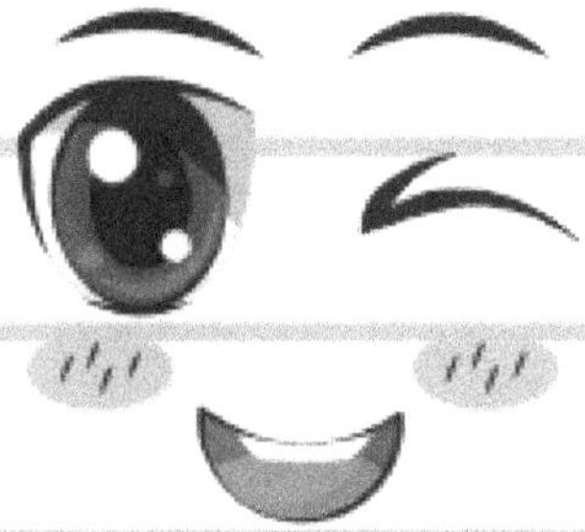

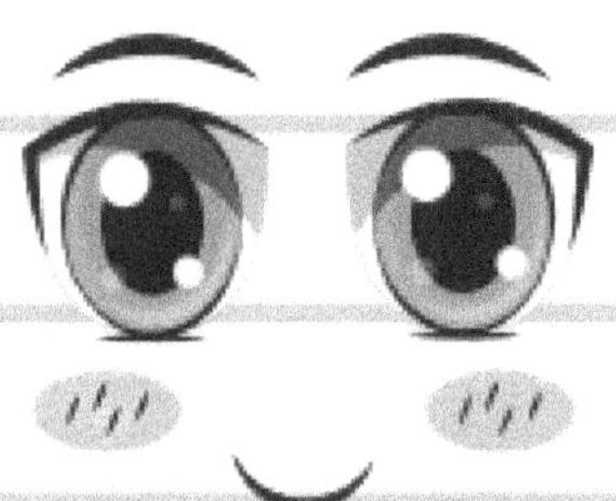

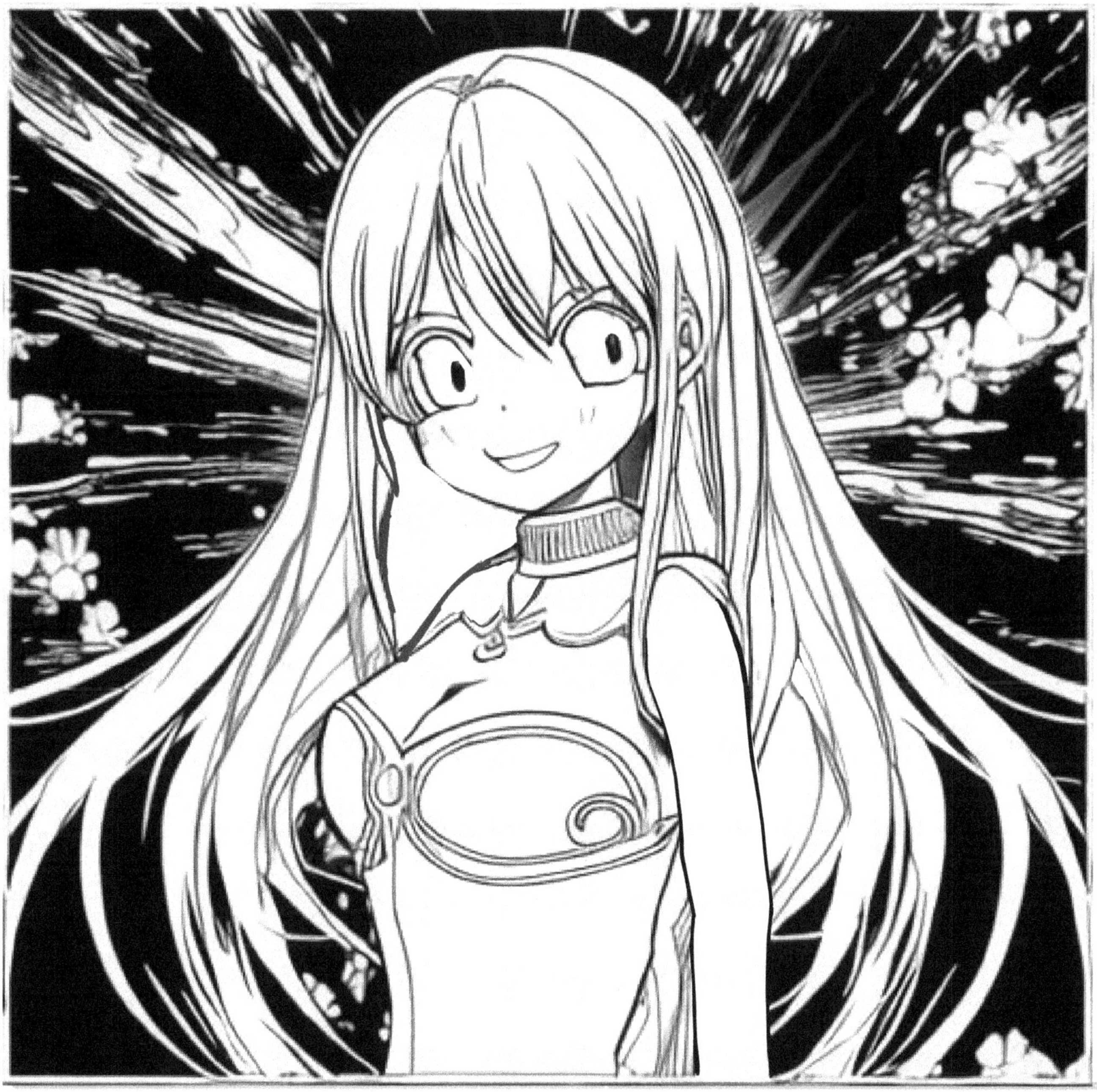

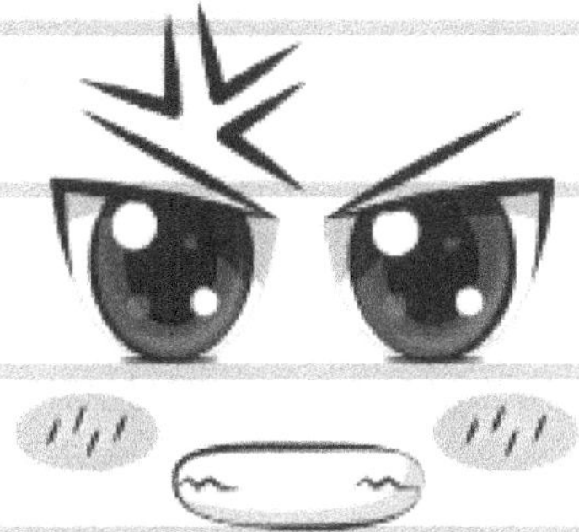

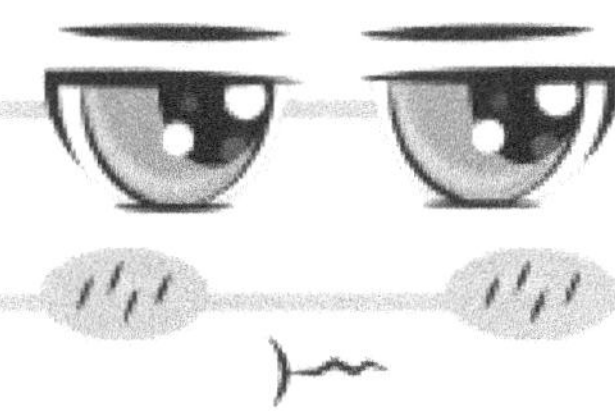

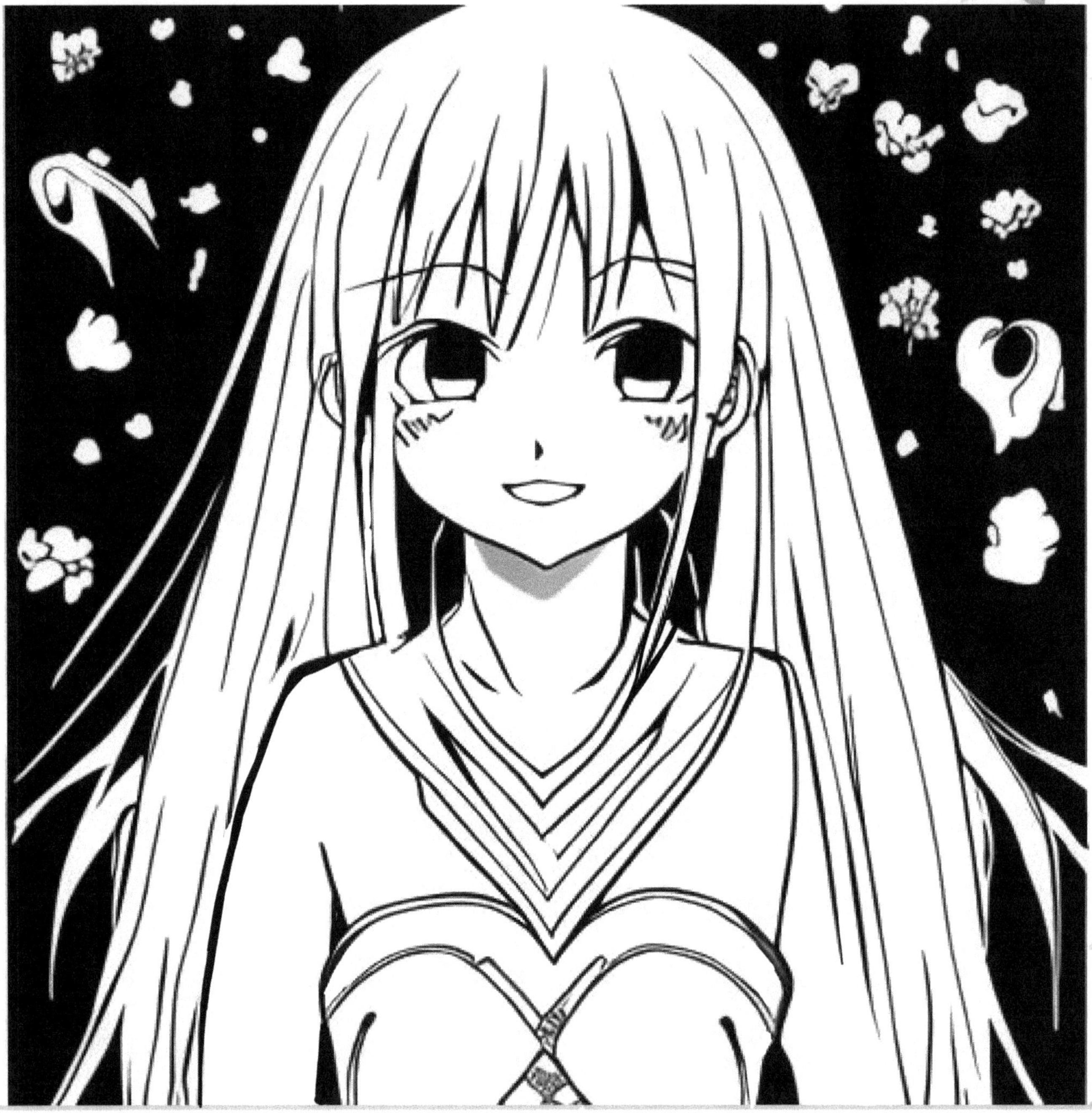

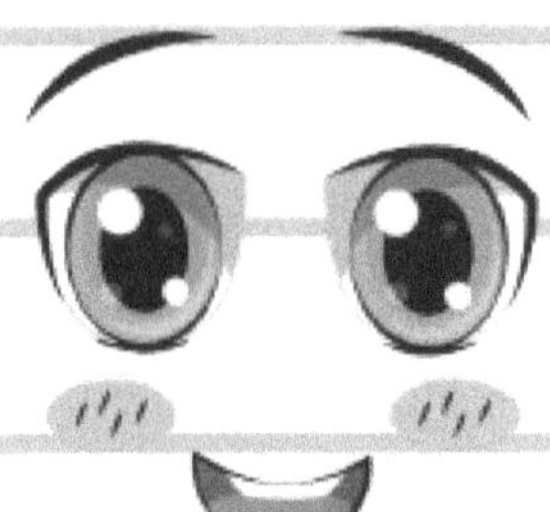
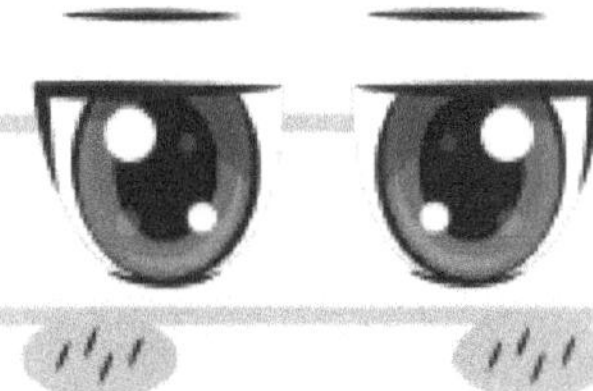

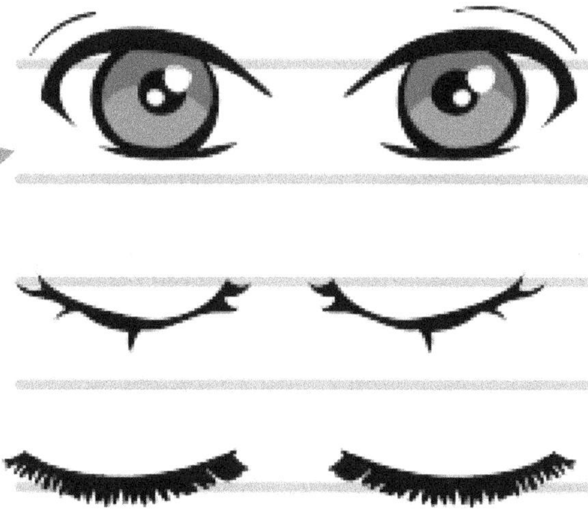

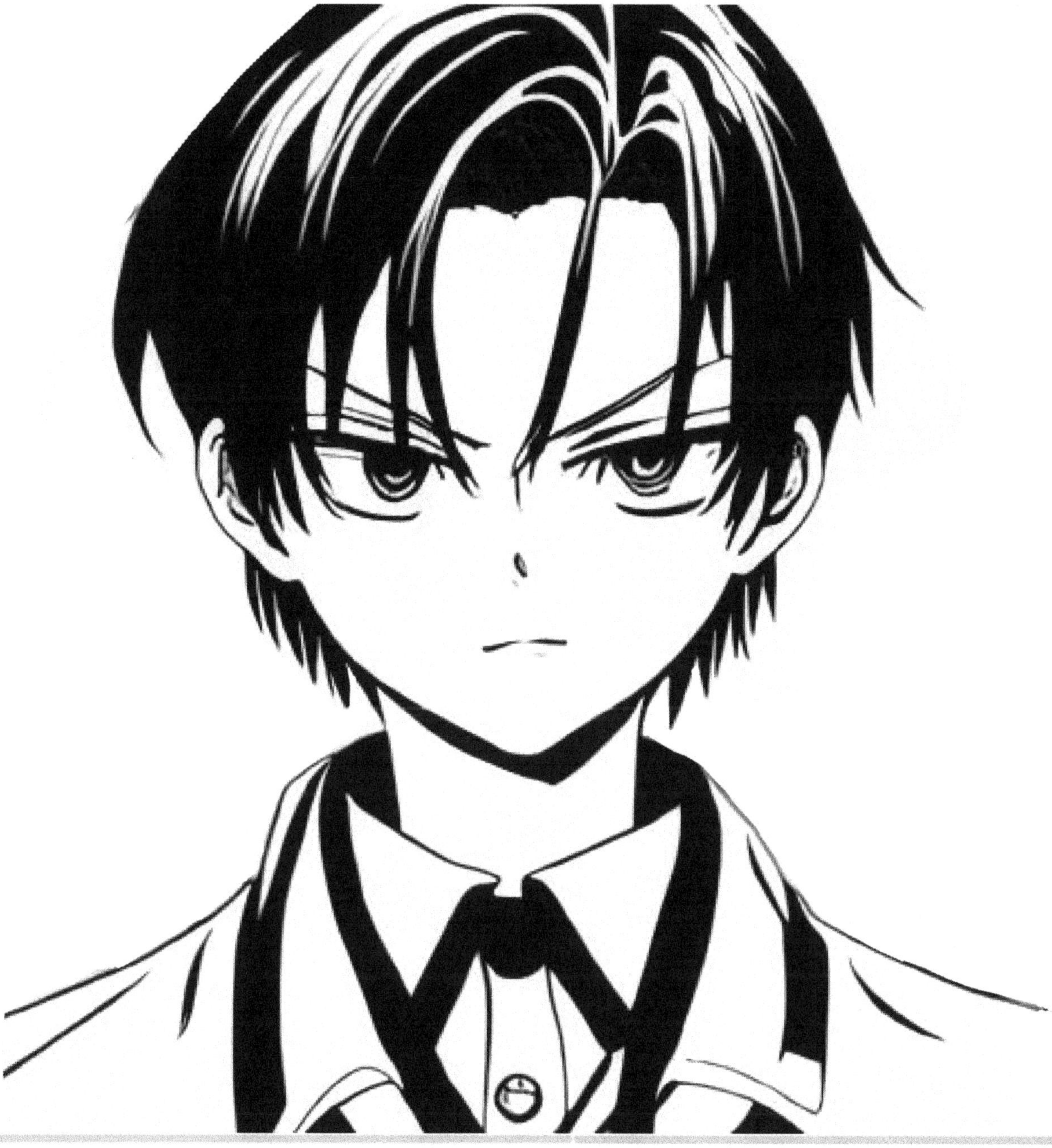

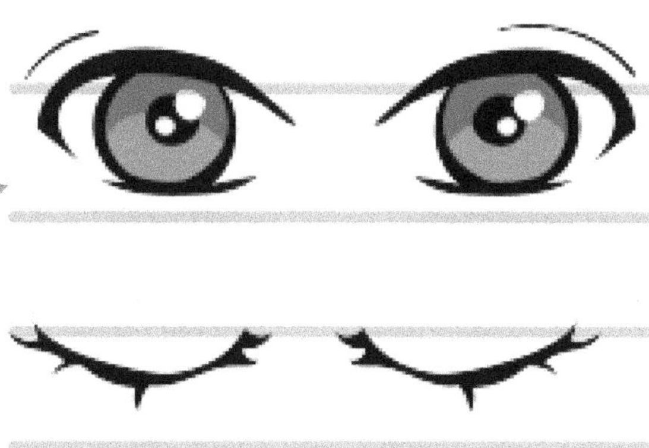

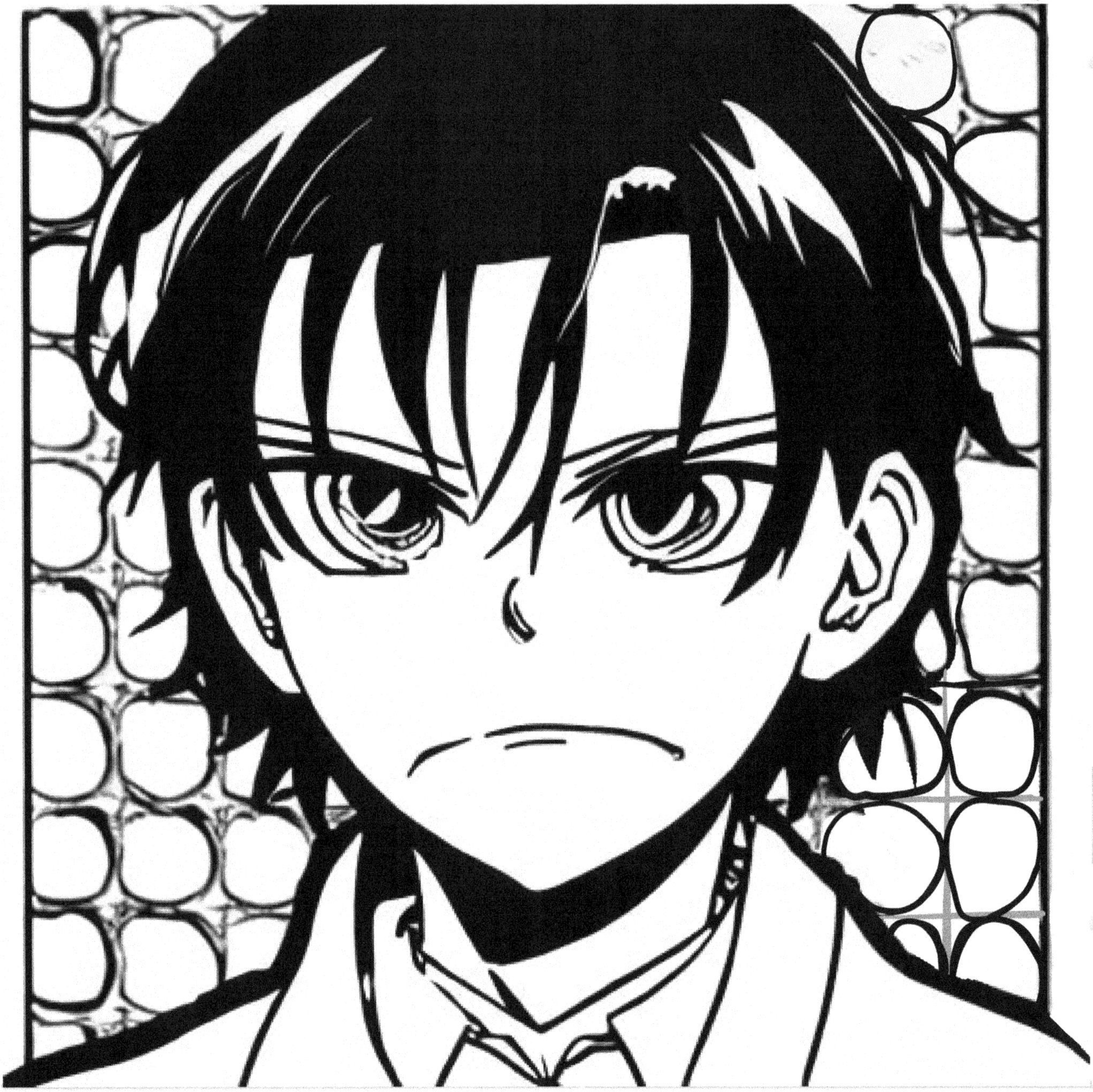

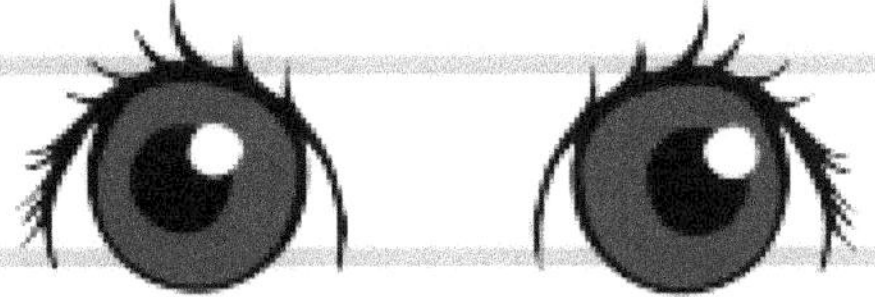
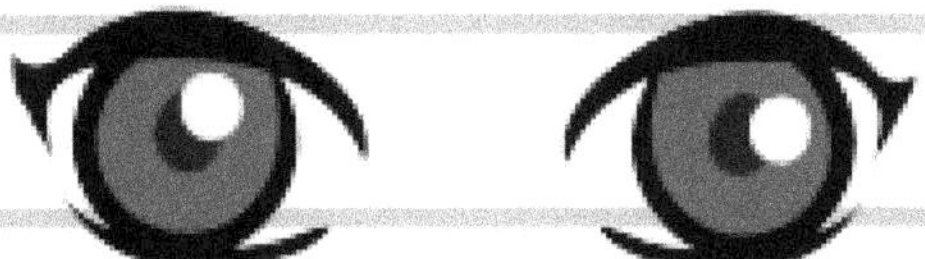
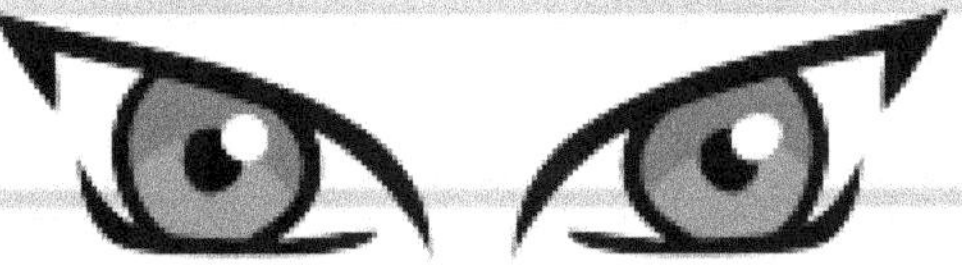

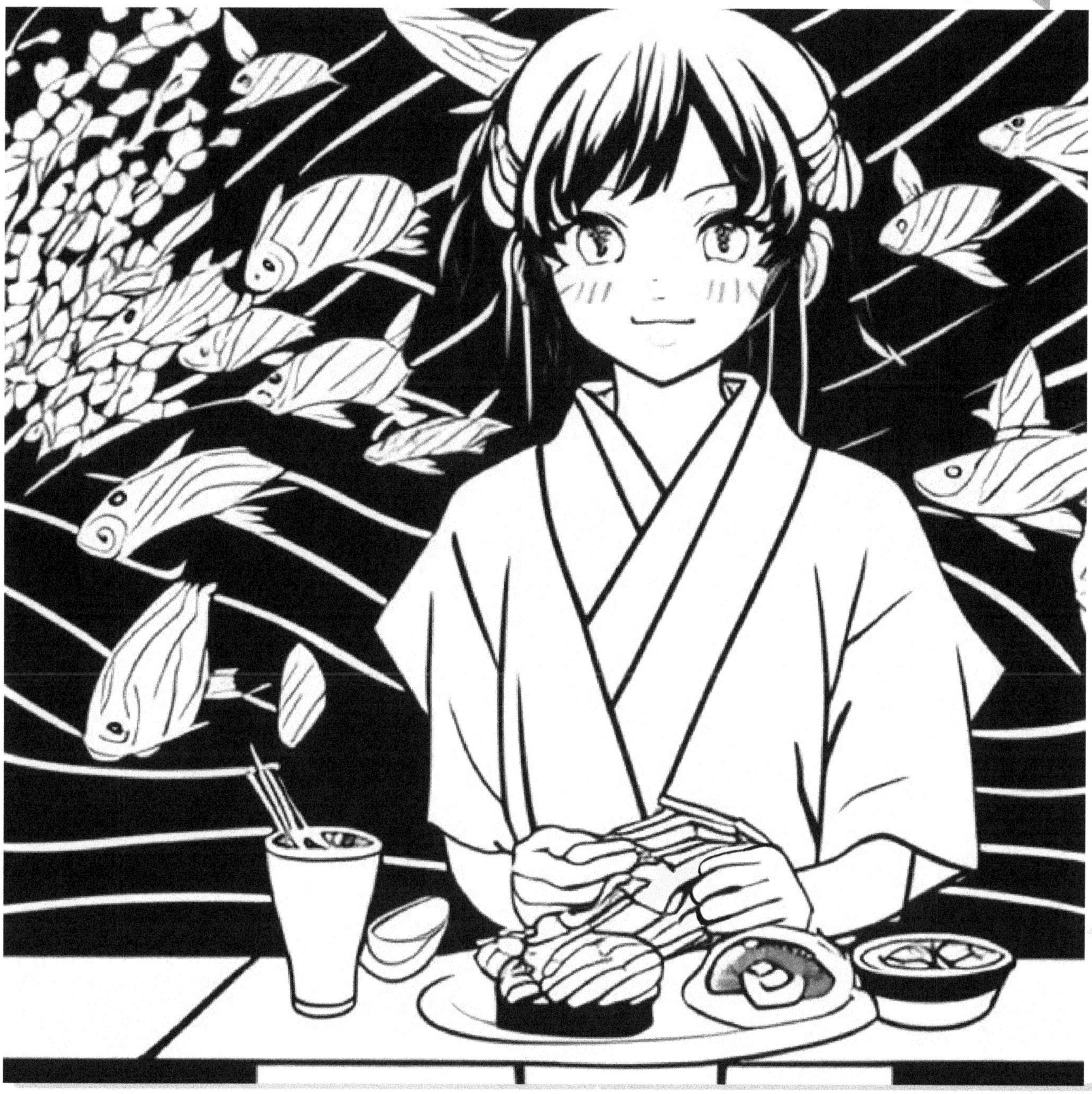

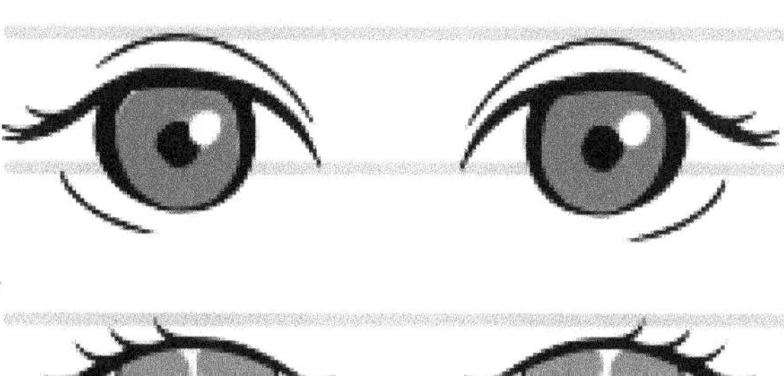

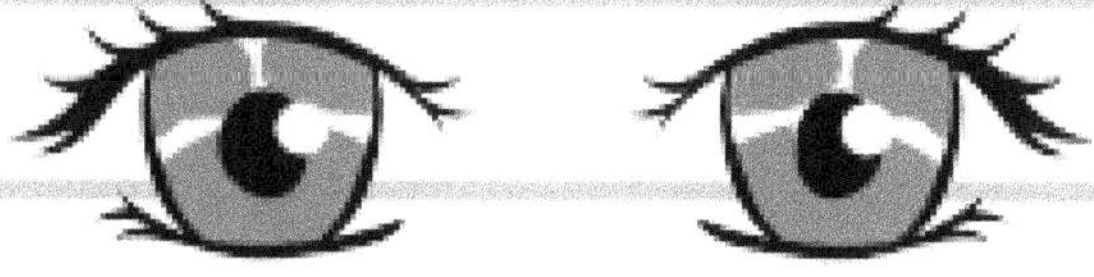

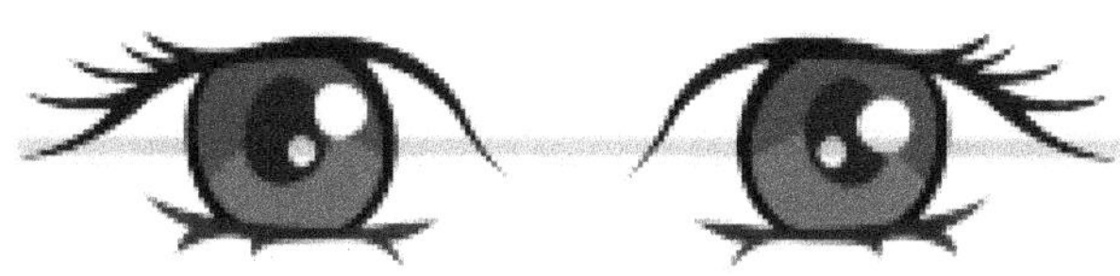

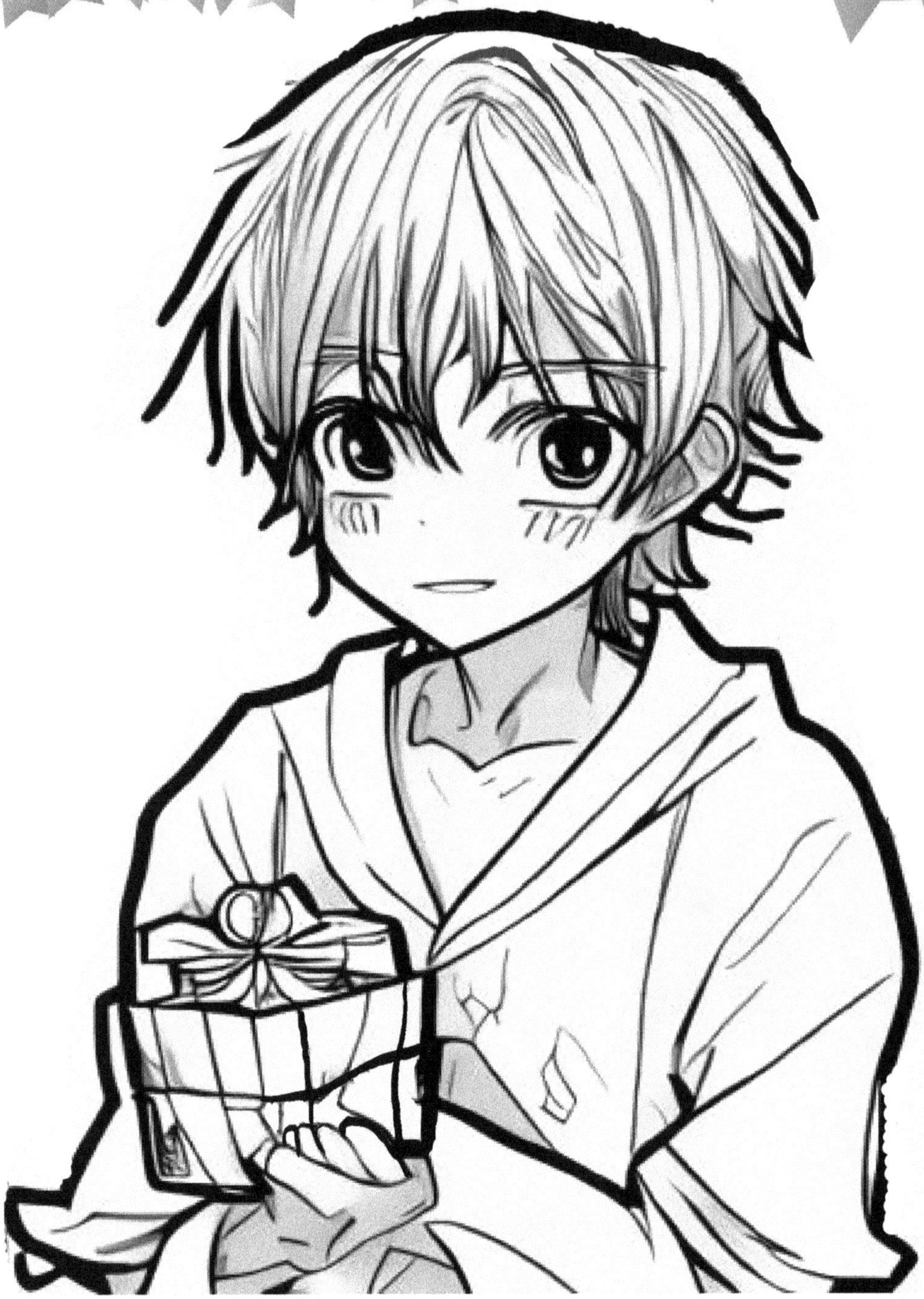

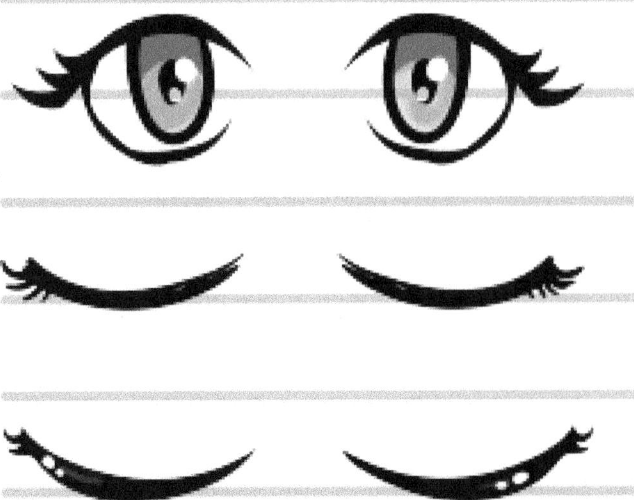

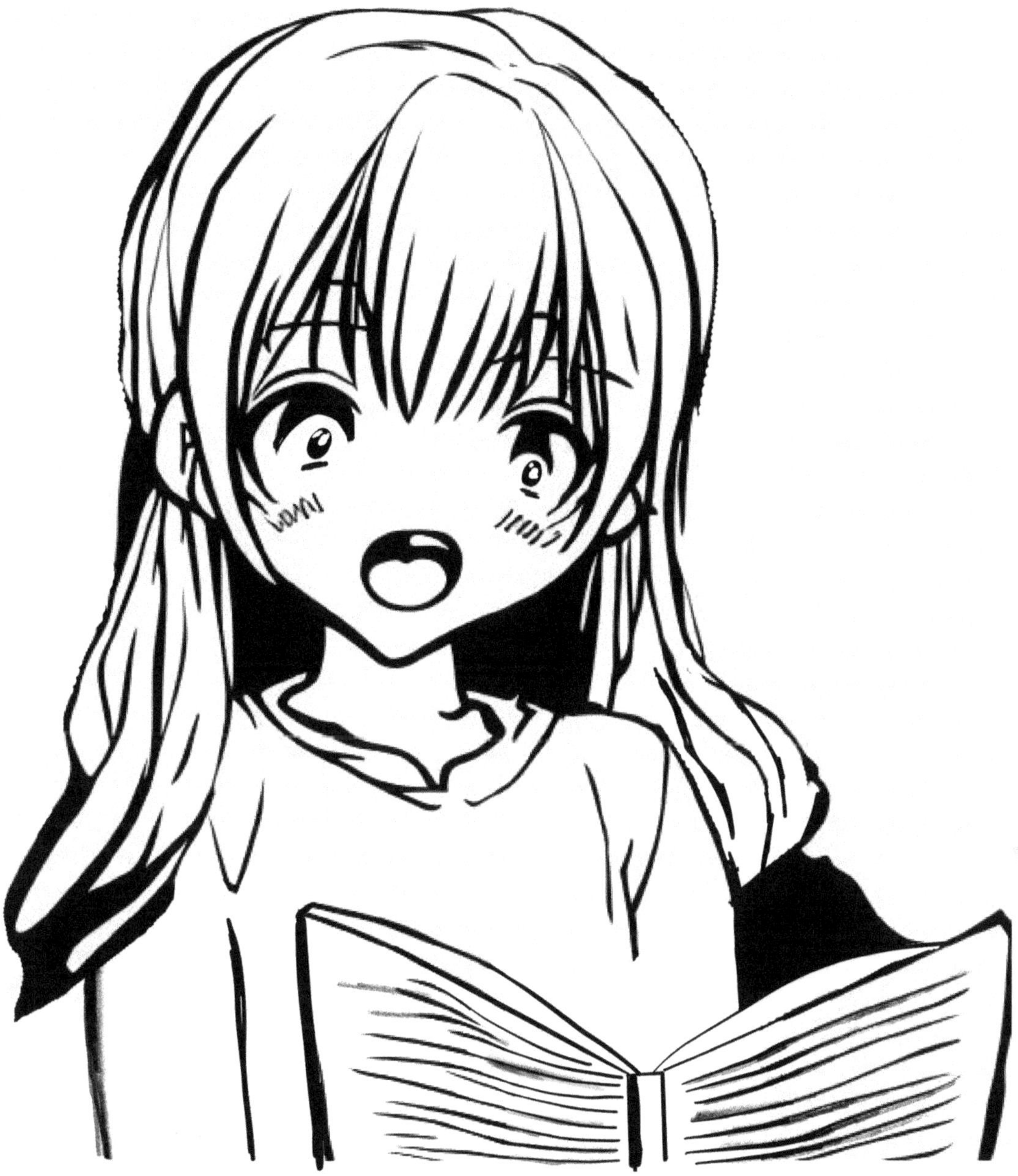

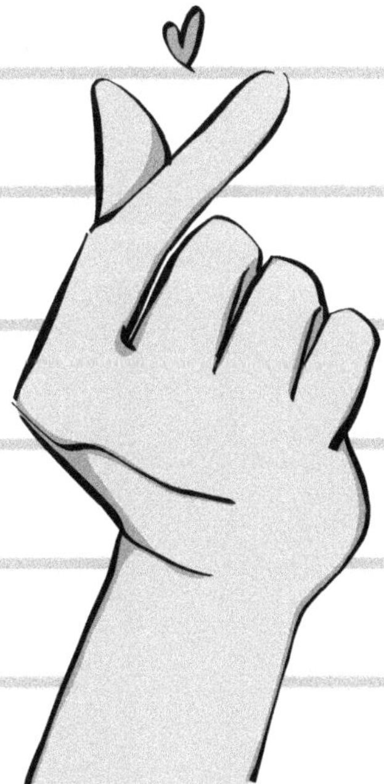

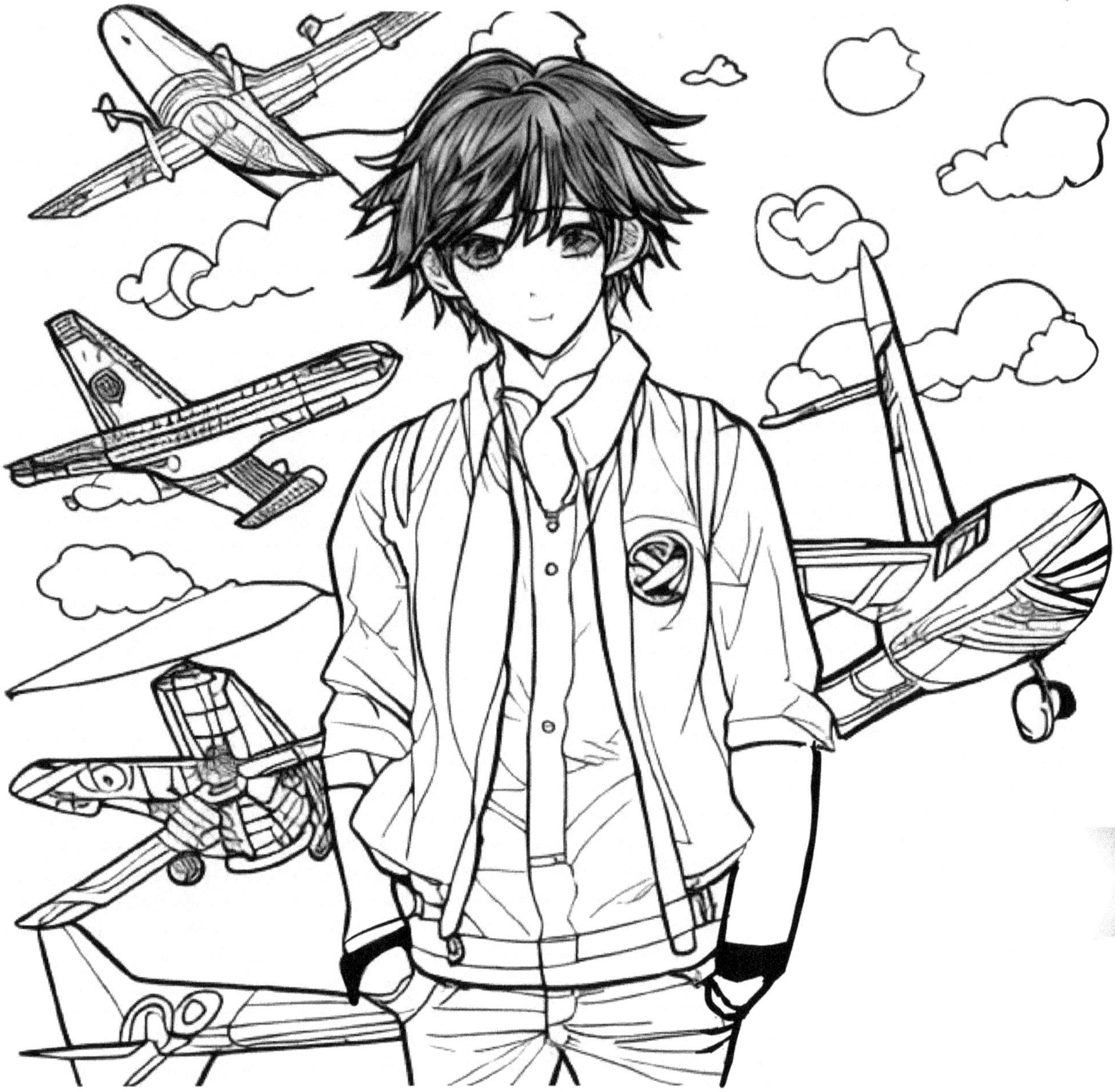

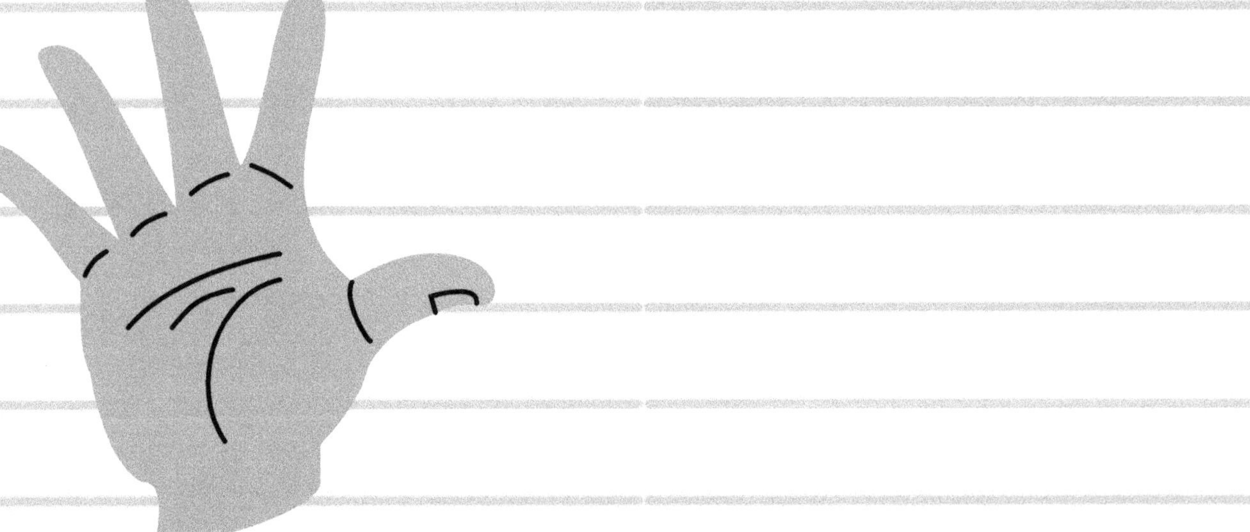